Der Spaziergang

Robert Walser

Alpha Editions

This edition published in 2022

ISBN : 9789356901056

Design and Setting By
Alpha Editions
www.alphaedis.com
Email - info@alphaedis.com

Der Spaziergang

Robert Walser

Ich teile mit, daß ich eines schönen Vormittags, ich weiß nicht mehr genau, um wieviel Uhr, da mich die Lust, einen Spaziergang zu machen, ankam, den Hut auf den Kopf setzte, das Schreib- oder Geisterzimmer verließ, die Treppe hinunterlief, um auf die Straße zu eilen. Beifügen könnte ich, daß mir im Treppenhaus eine Frau begegnete, die wie eine Spanierin, Peruanerin oder Kreolin aussah. Sie trug etwelche bleiche, welke Majestät zur Schau. Ich muß mir jedoch auf das strengste verbieten, mich auch nur zwei Sekunden lang bei dieser Brasilianerin oder was sie sonst sein mochte, aufzuhalten; denn ich darf weder Raum noch Zeit verschwenden. So viel ich mich heute, wo ich dieses alles schreibe, noch zu erinnern vermag, befand ich mich, als ich auf die offene helle und heitere Straße trat, in einer romantisch-abenteuerlichen Gemütsverfassung, die mich tief beglückte. Die morgendliche Welt, die sich vor meinen Augen ausbreitete, erschien mir so schön, als sähe ich sie zum erstenmal. Alles, was ich erblickte, machte mir den angenehmen Eindruck der Freundlichkeit, Güte und Jugend. Rasch vergaß ich, daß ich oben in meiner Stube soeben noch düster über ein leeres Blatt Papier hingebrütet hatte. Alle Trauer, aller Schmerz und alle schweren Gedanken waren wie verschwunden, obschon ich einen gewissen Ernst, als Klang, noch immer vor mir und hinter mir lebhaft spürte. Freudig war ich auf alles gespannt, was mir auf dem Spaziergang etwa begegnen oder entgegentreten könnte. Meine Schritte waren gemessen und ruhig, und soviel ich weiß, ließ ich, indem ich so meines Weges ging, ziemlich viel würdevolles Wesen sehen. Meine Empfindungen liebe ich vor den Augen meiner Mitmenschen zu verbergen, ohne daß ich mich jedoch deswegen ängstlich bemühe, was ich für einen großen Fehler und für eine starke Dummheit halten würde. Ich war noch nicht zwanzig oder dreißig Schritte weit über einen weiten menschenbelebten Platz gegangen, als mir Herr Professor Meili, eine Kapazität allerersten Ranges, leicht begegnete. Wie die unumstürzliche Autorität schritt Herr Professor Meili ernst, feierlich und hoheitvoll daher; in der Hand trug er einen unbeugsamen wissenschaftlichen Spazierstock, der mir Grauen, Ehrfurcht und Respekt einflößte. Professor Meilis Nase war eine strenge, gebieterische, scharfe Adler- oder Habichtsnase, und der Mund war juristisch zugeklemmt und zugekniffen. Des berühmten Gelehrten Gangart glich einem ehernen Gesetz; Weltgeschichte und Abglanz von längst vorübergegangenen heroischen Taten blitzten aus Herrn Professor Meilis harten, hinter buschigen Augenbrauen verborgenen Augen hervor. Sein Hut glich einem unabsetzbaren Herrscher. Geheime Herrscher sind die stolzesten und härtesten. Im ganzen genommen betrug sich jedoch Professor Meili ganz milde, so als wenn er in keiner Hinsicht nötig gehabt hätte, merken zu lassen, welche Summen von Macht und Gewicht er personifizierte, und seine Gestalt erschien mir trotz aller Unerbittlichkeit und Härte sympathisch, weil ich mir sagen durfte, daß die, die nicht auf süße und schöne Art lächeln, ehrlich und zuverlässig sind. Gibt es ja bekanntlich Schurken, die die Lieben und Guten spielen, die das schreckliche Talent haben, zu den Untaten, die sie begehen, verbindlich und artig zu lächeln.

Ich wittere etwas von einem Buchhändler und einem Buchladen; ebenso will bald, wie ich ahne und merke, ein Bäckerladen mit prahlerischen Goldbuchstaben zur Erwähnung und Geltung gelangen. Vorher aber habe ich noch einen Priester oder Pfarrer zu verzeichnen. Ein radfahrender oder fahrradelnder Stadtchemiker fährt mit freundlichem, gewichtigem Gesicht dicht am Spaziergänger, nämlich an mir, vorüber, ebenso ein Stabs- oder Regimentsarzt. Ein bescheidener Fußgänger darf nicht unbeachtet und unaufgezeichnet bleiben; denn er ersucht mich um gefällige Erwähnung. Es ist dies ein reichgewordener Althändler und Lumpensammler. Buben und Mädchen jagen im Sonnenlicht frei und ungezügelt umher. »Man lasse sie ruhig ungezügelt«, dachte ich; »das Alter wird sie einst schon schrecken und zügeln. Nur zu früh, leider Gottes.« Ein Hund erlabt sich am Brunnenwasser. Schwalben, scheint mir, zwitschern in der blauen Luft. Ein bis zwei elegante Damen in verblüffend kurzen Röcken und überraschend feinen hohen farbigen Stiefelchen machen sich doch wohl hoffentlich so gut bemerkbar wie irgend etwas anderes. Zwei Sommer- oder Strohhüte fallen auf. Die Sache mit den Herrenstrohhüten ist die: Plötzlich sehe ich nämlich zwei Hüte in der hellen zarten Luft, und unter den Hüten stehen zwei bessere Herren, die einander mittels schönen, artigen Hutlüftens und -schwenkens guten Morgen zu bieten scheinen. Die Hüte sind bei dieser Veranstaltung sichtlich wichtiger als ihre Träger und Besitzer. Im übrigen bittet man den Verfasser sehr ergeben, sich vor tatsächlich überflüssigen Spötteleien und Föppeleien zu hüten. Man ersucht ihn, ernsthaft zu bleiben, und hoffentlich hat er das jetzt ein für allemal verstanden.

Da eine äußerst stattliche, reichhaltige Buchhandlung mir angenehm in die Augen fiel und ich Trieb und Lust spürte, ihr einen kurzen und flüchtigen Besuch abzustatten, so zögerte ich nicht, in den Laden mit sichtlich guter Manier einzutreten, wobei ich mir allerdings zu bedenken erlaubte, daß ich vielleicht mehr als Inspektor und Bücher-Revisor, als Erkundigungen-Einsammler und feiner Kenner denn als beliebter und gerngesehener reicher Einkäufer und guter Kunde in Frage käme. Mit höflicher, überaus vorsichtiger Stimme und in den begreiflicherweise gewähltesten Ausdrücken erkundigte ich mich nach dem Neusten und Besten auf dem Gebiet der schönen Literatur. »Darf ich«, fragte ich schüchtern, »das Gediegenste und Ernsthafteste und damit selbstverständlich zugleich auch das Meistgelesene und am raschesten Anerkannte und Gekaufte kennen und augenblicklich schätzen lernen? Sie würden mich zu ungewöhnlichem Dank in sehr hohem Grad verbinden, wenn Sie die weitgehende Gefälligkeit haben und mir das Buch gütig vorlegen wollten, das, wie ja sicher niemand so genau wissen wird wie gerade Sie, die höchste Gunst beim lesenden Publikum sowohl als bei der gefürchteten und daher ohne Zweifel auch umschmeichelten Kritik gefunden hat und ferner munter findet. Sie glauben garnicht, wie ich mich interessiere, sogleich zu erfahren, welches von allen den hier aufgestapelten und zur Schau gestellten Büchern oder Werken der Feder dieses fragliche Lieblingsbuch ist, dessen Anblick mich ja höchst wahrscheinlich, wie ich auf das allerlebhafteste vermuten muß, zum sofortigen freudigen, begeisterten Käufer machen wird. Das Verlangen, den Lieblingsschriftsteller der gebildeten Welt und sein bewundertes, stürmisch beklatschtes Meisterwerk zu sehen und wie gesagt vermutlich auch sogleich zu kaufen, gramselt und rieselt mir durch alle Glieder. Darf ich Sie höflich bitten, mir dieses erfolgreichste Buch zu zeigen, damit die Begierde, die sich meines gesamten Wesens bemächtigt hat, sich zufrieden gibt und aufhört, mich zu beunruhigen?« »Sehr gern«, sagte der Buchhändler. Er verschwand wie ein Pfeil aus dem Gesichtskreis, um jedoch im nächsten Augenblick schon wieder zu dem begierigen Käufer und Interessenten zurückzukehren und zwar mit dem meist gekauften und gelesenen Buch von wirklich bleibendem Wert in der Hand. Das kostbare Geistesprodukt trug er so sorgsam und feierlich, als trage er eine heilig machende Reliquie. Sein Gesicht war verzückt; die Miene strahlte höchste Ehrfurcht aus, und mit einem Lächeln auf den Lippen, wie es nur Gläubige und Innigstdurchdrungene zu lächeln vermögen, legte er mir auf die gewinnendste Art vor, was er daherbrachte. Ich betrachtete das Buch und fragte:

»Können Sie schwören, daß dies das weitestverbreitete Buch des Jahres ist?«

»Ohne Zweifel.«

»Können Sie behaupten, daß dies das Buch ist, das man gelesen haben muß?«

»Unbedingt.«

»Ist das Buch wirklich auch gut?«

»Was für eine gänzlich überflüssige und unstatthafte Frage.«

»Ich danke Ihnen recht sehr«, sagte ich kaltblütig, ließ das Buch, das die absolut weiteste Verbreitung gefunden hatte, weil man es unbedingt gelesen haben mußte, lieber ruhig liegen, wo es lag, und entfernte mich geräuschlos, ohne noch ein weiteres Wort zu verlieren. »Ungebildeter und unwissender Mensch!« rief mir freilich der Verkäufer in seinem berechtigten tiefen Verdruß nach. Ich ließ ihn jedoch reden und ging gemächlich weiter und zwar, wie ich sogleich näher auseinandersetzen und verständlich machen werde, direkt in die nächstgelegene imposante Bankanstalt.

Wo ich nämlich meinte vorsprechen zu müssen, um über gewisse Wertpapiere zuverlässigen Aufschluß zu erhalten. »Im Vorbeigehen rasch in ein Geldinstitut hineinzuspringen«, dachte oder sagte ich für mich selber, »um über Finanzangelegenheiten zu verhandeln und Fragen vorzubringen, die man nur flüsternd vorträgt, ist hübsch und nimmt sich ungemein gut aus.«

»Es ist gut und trifft sich prächtig, daß Sie persönlich zu uns kommen«, sagte mir am Schalter der verantwortungsvolle Beamte in sehr freundlicher Tonart, und er fügte, indem er fast schalkhaft, jedenfalls aber sehr angenehm und heiter lächelte, Folgendes hinzu:

»Es ist, wie gesagt, gut, daß Sie gekommen sind. Soeben wollten wir uns brieflich an Sie wenden, um Ihnen, was jetzt mündlich geschehen kann, die für Sie ohne Frage erfreuliche Mitteilung zu machen, daß wir Sie aus Auftrag eines Vereines oder Kreises von Ihnen offenbar hold gesinnten gutherzigen und menschenfreundlichen Frauen mit Franken Eintausend nicht belastet, sondern vielmehr, was Ihnen zweifellos wesentlich willkommener sein dürfte, bestens kreditiert haben, was wir Ihnen hiedurch bestätigen und wovon Sie, wenn Sie so gut sein wollen, prompt Notiz im Kopf oder, wo es Ihnen sonst paßt, nehmen wollen. Wir nehmen an, daß Ihnen diese Eröffnung lieb ist; denn Sie machen uns, offen gestanden, den Eindruck, der uns mit, wir möchten uns erlauben zu sagen, fast nur schon zu großer Deutlichkeit sagt, daß Sie Fürsorge delikater und schöner Natur geradezu bedenklich nötig haben. Das Geld steht von heute ab zu Ihrer Verfügung. Man sieht, daß eine starke Fröhlichkeit sich in diesem Augenblick über Ihre Gesichtszüge verbreitet. Ihre Augen leuchten; Ihr Mund hat in diesem Moment etwas Lachendes, mit welchem Sie vielleicht schon die längste Zeit nicht mehr gelacht haben, weil zudringliche tägliche Sorgen häßlicher Art Ihnen verboten haben, das zu tun, und weil Sie sich seit langer Zeit meistens vielleicht in trüber Laune befanden, da allerhand böse und traurige Gedanken Ihre Stirne umdüsterten. Reiben Sie sich nur immer vor Vergnügen die Hände, und seien Sie froh, daß einige edle, liebenswürdige Wohltäterinnen, durch den erhabenen Gedanken bewogen, daß Leid eindämmen schön und Not lindern gut sei, daran dachten, daß ein armer und erfolgloser Dichter (denn nicht wahr, das sind Sie doch?) der Unterstützung bedürfe. Zu der Tatsache, daß sich einige Menschen fanden, die sich herablassen wollten, sich Ihrer zu erinnern, und zu dem Umstand, daß nicht alle Leute sich gleichgültig über des vielfach verachteten Dichters Existenz hinwegsetzen, gratulieren wir Ihnen.«

»Die mir von weichen und gütigen Feen- oder Frauenhänden gespendete, unvermutet zugeflossene Geldsumme«, sagte ich, »möchte ich ruhig bei Ihnen liegen lassen, wo sie ja einstweilen am besten aufgehoben ist, da Sie über die nötigen feuerfesten und diebsichern Kassenschränke verfügen, um Schätze vor jeglicher Vernichtung und vor jeglichem Untergang zu bewahren. Überdies zahlen Sie ja sogar noch Zinsen. Darf ich Sie um einen Empfangschein bitten? Ich stelle mir vor, daß ich die Freiheit habe, jederzeit nach Belieben und Bedürfnis von der großen Summe kleine Summen abzuheben. Bemerken möchte ich, daß ich sparsam bin. Ich werde mit der Gabe wie ein solider, zielbewußter Mann, d. h. äußerst vorsichtig umzugehen wissen, und den freundlichen Geberinnen werde ich in einem besonnenen und artigen Schreiben meinen Dank abzustatten haben, was ich schon morgen früh zu tun denke, damit es nicht durch Aufschieben vergessen wird. Die Annahme, die Sie vorhin so offen äußerten, daß ich arm sei, mag immerhin auf kluger und richtiger Beobachtung beruhen. Es genügt aber vollkommen, daß ich selber weiß, was ich weiß, und daß ich selbst es bin, der am besten über meine Person unterrichtet ist. Oft trügt der Schein, mein Herr, und ein Urteil über einen Menschen zu fällen, wird wohl am besten diesem Menschen selbst überlassen sein. Niemand kann einen Mann, der schon allerlei gesehen und erfahren hat, so gut kennen wie er selbst. Ich irrte zu Zeiten allerdings im Nebel und in tausenderlei Schwankungen und Verlegenheiten umher, und oft fühlte ich mich elendiglich verlassen. Aber ich denke, daß es schön ist, zu kämpfen. Nicht auf Freuden und Vergnügungen ist ein Mann stolz. Stolz und froh im Grunde der Seele machen ihn nur tapfer überstandene Anstrengungen und die geduldig ausgehaltenen Leiden. Doch hierüber verschwendet man nicht gerne Worte. Welcher redliche Mann war im Leben nie hilflos, und welches menschlichen Wesens Hoffnungen, Pläne, Träume sind im Laufe der Jahre gänzlich unzerstört geblieben? Wo ist die Seele, deren Sehnen, kühnes Wünschen, süße und hohe Vorstellungen von Glück in Erfüllung gingen, ohne daß sie sich Abzüge hat machen lassen müssen?«

Quittung über eintausend Franken wurde mir aus- und eingehändigt, worauf sich der solide Geld-Einleger und Konto-Korrent-Mensch empfehlen und entfernen durfte, nämlich niemand anderer als ich. Von Herzen froh über das mir so zauberhaft, wie aus blauem Himmel zugefallene Kapital-Vermögen lief ich aus dem hohen, schönen Kassaraum fort, an die freie Luft hinaus, um den Spaziergang fortzusetzen.

Anfügen will und kann und darf ich hoffentlich (da mir im Augenblick Neues und Gescheites nicht einfällt), daß ich eine höfliche, reizende Einladung von Frau Aebi in der Tasche mittrug. Die Einladekarte forderte mich ergebenst auf und ermunterte mich, punkt halb ein Uhr jedenfalls zum bescheidenen Mittagessen erscheinen zu wollen. Ich nahm mir fest vor, der

Aufforderung zu gehorchen und bei der fraglichen schätzenswerten Person zur angegebenen Zeit prompt aufzutauchen.

Indem du dir, lieber gewogener Leser, die Mühe nimmst, sorgfältig mit dem Schreiber und Erfinder dieser Zeilen vorwärts in die helle, freundliche Morgenwelt hinaus zu marschieren, nicht eilig, sondern vielmehr ganz behaglich, sachlich, glatt, bedächtig und ruhig, gelangen wir beide vor die bereits vorgemerkte Bäckerei mit Goldinschrift, wo wir uns bewogen fühlen, entsetzt stehen zu bleiben, um auf betrübliche Weise über gröbliche Protzerei und über damit aufs engste verbundene traurige Verunstaltung des lieblichen Ländlichkeitsbildes zu staunen.

Spontan rief ich aus: »Ziemlich entrüstet, bei Gott, darf ein ehrlicher Mensch angesichts solcher goldenen Firmeninschrift-Barbareien sein, die der Landschaft, in welcher wir stehen, ein Gepräge der Eigensucht, Geldgier, elenden, völlig nackten Seelenverrohung aufdrücken. Hat denn ein einfacher, redlicher Bäckermeister wirklich nötig, so großartig aufzutreten, mit seiner törichten Gold- und Silber-Ankündigung in der Sonne zu strahlen und blitzen wie ein Fürst oder wie eine putzsüchtige zweifelhafte Dame? Backe und knete er doch sein Brot in Ehren und in vernunftentsprechender Bescheidenheit. In was für einer Schwindelwelt fangen wir an zu leben oder haben wir bereits begonnen zu leben, wenn von Gemeinden, Nachbarschaft und öffentlicher Meinung nicht nur geduldet, sondern unglücklicherweise offenbar sogar noch gepriesen wird, was jeden guten Sinn, jeden Sinn für Vernunft und Gefälligkeit, jeden Schönheits- und Biedersinn beleidigt, was krankhaft großtut, sich ein lächerliches Lumpen-Ansehen verleiht, das auf hundert und mehr Meter Entfernung in die gute ehrliche Luft hinausschreit: »Ich bin der und der. Ich habe soundso viel Geld, und ich darf mir herausnehmen, unangenehm aufzufallen. Ich bin zwar sicherlich ein Lümmel und Tölpel und geschmackloser Kerl mit meinem häßlichen Prunken; aber es hat mir niemand zu verbieten, lümmelhaft und tölpelhaft zu sein.« Stehen goldene, weithin glitzernde, abscheulich leuchtende Buchstaben in irgend einem annehmbaren, ehrlich gerechtfertigten Verhältnis und in irgend einer gesunden verwandtschaftlichen Beziehung zu – – Brot? Mit nichten! Aber abscheuliche Großtuerei und Prahlerei haben an irgend einer Ecke, in irgend einem Winkel der Welt, zu irgend einer Stunde angefangen, haben, gleich einer beklagenswerten jämmerlichen Überschwemmung, Fortschritte um Fortschritte gemacht, Unrat, Schmutz und Torheit mit sich reißend, dieselben über die Welt verbreitend, und haben auch meinen ehrsamen Bäckermeister ergriffen, um seinen bisherigen guten Geschmack zu verderben, seine ihm angeborene Sittsamkeit zu unterwühlen. Ich gäbe viel, ich gäbe den linken Arm oder das linke Bein her, wenn ich durch ein solches Opfer wieder den alten feinen Sinn für Gediegenheit, die alte gute Genügsamkeit herbeiführen helfen, Land und Leuten wieder jene

Ehrsamkeit und Bescheidenheit zurückgeben könnte, die sicher vielfach und zum Bedauern aller Menschen, die es redlich meinen, verloren gegangen sind. Zum Teufel mit der miserablen Sucht, mehr zu scheinen, als was man ist. Eine wahre Katastrophe ist das, die Kriegsgefahr, Tod, Elend, Haß und Verwundungen auf der Erde verbreitet und allem, was existiert, eine verwünschenswerte Maske von Bosheit und Häßlichkeit aufsetzt. So sei mir doch ein Handwerker kein Monsieur und eine einfache Frau keine Madam. Aber es will heute alles blenden und glitzern, neu und fein und schön sein, Monsieur sein und Madam sein, daß es ein Grauen ist. Doch kommt es vielleicht mit der Zeit auch noch einmal wieder anders. Ich will es hoffen.«

Ich werde mich übrigens sogleich punkto herrenhaften Auftretens und hochherrschaftlichen Gebarens, wie man bald erfahren wird, selber beim Ohr nehmen. Auf was für eine Art wird sich zeigen. Es wäre nicht schön, wenn ich andere schonungslos kritisieren, mich selber aber nur ganz zart anfassen und so schonungsvoll wie möglich behandeln wollte. Ein Kritiker, der es so macht, ist nicht der wahre, und Schriftsteller sollen mit der Schriftstellerei keinen Mißbrauch treiben. Ich hoffe, daß dieser Satz allgemein gefällt, Genugtuung erweckt und warmen Beifall findet.

Eine Arbeiter-gefüllte und arbeitsreiche Metallgießerei verursacht hier links vom Landschaftsweg auffälliges Getöse. Bei dieser Gelegenheit schäme ich mich aufrichtig, daß ich nur spaziere, wo so viele andere schuften und arbeiten. Ich schufte und schaffe freilich vielleicht dann zu einer Stunde, wo alle diese Arbeiter Feierabend haben und ausruhen.

Ein Monteur auf dem Fahrrad, Kamerad vom Landwehrbataillon 134/III, ruft mir beiläufig zu: »Du spazierst wieder einmal, scheint mir, am heiterhellen Werktag.« Ich grüße ihn lachend und gebe mit Freuden zu, daß er recht hat, wenn er der Ansicht ist, daß ich spaziere.

»Sie sehen es mir an, daß ich spaziere«, dachte ich im stillen und spazierte friedlich weiter, ohne mich im geringsten über das Ertapptwordensein zu ärgern, was ganz dumm gewesen wäre.

In meinem hellgelben, geschenkt bekommenen Engländer-Anzug kam ich mir nämlich, muß ich offen gestehen, wie ein großer Lord, Grandseigneur, im Park auf und ab spazierender Marquis vor, trotzdem es doch nur eine halb ländliche, halb vorstadtmäßige schlichte liebe bescheidene und kleinliche Armutsgegend und Landstraße war, wo ich mich erging, und durchaus kein vornehmer Park, wie ich mir angemaßt habe anzudeuten, was ich sachte wieder zurückziehe, weil alles Parkhafte ganz aus der Luft gegriffen ist und hierher absolut nicht paßt. Kleinere und größere Fabriklein und mechanische Werkstätten lagen beliebig verstreut im Grünen. Fette warme Landwirtschaft gab hier herum gleichsam klopfender und hämmernder Industrie, die immer irgend etwas Zerarbeitetes und Mageres an sich hat, freundschaftlich den Arm. Nußbäume, Kirschbäume und Pflaumenbäume gaben dem weichen, rundlichen Weg etwas Anziehendes, Unterhaltsames und Zierliches. Ein Hund lag quer mitten auf der Straße, die ich an und für sich schon schön fand und liebte. Ich liebte überhaupt das meiste, was ich nach und nach sah, augenblicklich feurig. Eine andere kleine hübsche Hundeszene und Kinderszene war folgende: Ein großer, aber durchaus drolliger, humorvoller, ungefährlicher Kerl von Hund betrachtete still einen Knirps von Knaben, der auf einer Haustreppe kauerte, und der wegen der Aufmerksamkeit, die ihm das gutmütige, jedoch ein wenig schreckhaft aussehende Tier zu schenken beliebte, vor Angst jämmerlich brüllte und ein starkes, kindisches Geheul veranstaltete. Ich fand den Auftritt entzückend; aber einen andern Kinderauftritt im Landstraßentheater fand ich fast noch netter und entzückender. Zwei ganz kleine Kinderchen lagen auf der ziemlich staubigen Straße wie in einem Garten. Das eine Kind sagte zum andern: »Gib mir ein liebes Küßchen.« Das andere Kind gab ihm das dringlich Geforderte. Nun sagte es zu ihm: »So. Jetzt darfst du vom Boden aufstehen.« Es würde ihm also höchst wahrscheinlich ohne süßes Küßchen nicht erlaubt haben, was es ihm jetzt gestattete. »Wie paßt diese naive kleine Szene zu dem schönen blauen Himmel, der auf die frohe leichte helle Erde so göttlich herunterlacht!« sagte ich mir. »Kinder sind himmlisch, weil sie immer wie in einer Art Himmel sind. Wenn sie älter werden und aufwachsen, schwindet ihnen der Himmel, und sie fallen aus der Kindlichkeit dann in das trockene, berechnende Wesen und in die langweiligen Anschauungen der Erwachsenen. Für Kinder von armen Leuten ist die sommerliche Landstraße wie ein Spielzimmer. Wo sollen sie sonst sein, da ihnen die Gärten eigennützig zugesperrt sind? Wehe dahersausenden Automobilen, die kalt und bös in das Kinderspiel, in den kindlichen Himmel hineinfahren, daß kleine unschuldige menschliche Wesen in Gefahr kommen, zermalmt zu werden. Den schrecklichen Gedanken, daß ein Kind von solch einem plumpen Triumphwagen tatsächlich überfahren wird, will ich garnicht denken, weil mich sonst der Zorn zu groben Ausdrücken verleitete, mit denen man ja bekanntlich doch nie viel verrichtet.«

Leuten, die in einem sausenden, staubaufwerfenden Automobil sitzen, zeige ich immer mein böses und hartes Gesicht, und sie verdienen auch kein besseres. Sie denken dann, daß ich ein Aufpasser und Polizist in Zivil sei, von hohen Obrigkeiten und Behörden beauftragt, auf das Fahren aufzupassen, mir die Nummer des Fahrzeugs zu merken und solche später zu hinterbringen. Ich schaue da stets finster auf die Räder, aufs Ganze und nie auf die Insassen, welche ich verachte und zwar keineswegs persönlich, sondern rein grundsätzlich; denn ich begreife nicht und werde niemals begreifen, daß es ein Vergnügen sein kann, so an allen Gebilden, Gegenständen, die unsere schöne Erde aufweist, vorüberzurasen, als wenn man toll geworden sei und rennen müsse, um nicht elend zu verzweifeln. In der Tat liebe ich die Ruhe und alles Ruhende. Ich liebe Sparsamkeit und Mäßigkeit und bin allem Gehetz und Gehast im tiefsten Innern in Gottes Namen abhold. Mehr als was wahr ist brauche ich nicht zu sagen. Und wegen dieser Worte wird das Automobilfahren sicher nicht mit einmal aufhören nebst luftverderbendem üblem Geruch, den sicherlich niemand besonders hochschätzt und liebt. Es wäre widernatürlich, wenn jemandes Nase lieben und mit Freuden einziehen würde, was für jede rechte Menschennase einfach manchmal, je nachdem man vielleicht gelaunt ist, empörend und abscheuerweckend ist. Schluß und nichts für ungut. Und nun weiter spaziert. Himmlisch schön und gut und uralt einfach ist es ja, zu Fuß zu gehen. Anzunehmen ist, daß das Schuhwerk und Stiefelzeug in Ordnung ist.

Werden mir sehr geehrte Herrschaften, Gönnerschaften und Leserschaften, indem sie diesen vielleicht etwas zu feierlichen und hochdaherstolzierenden Stil wohlwollend hinnehmen und entschuldigen, nunmehr gütig erlauben, dieselben auf zwei besonders bedeutende Personen, Gestalten oder Figuren, nämlich erstlich oder besser erstens auf eine vermeintliche gewesene Schauspielerin und zweitens auf die jugendlichste vermutliche angehende Sängerin gebührend aufmerksam zu machen? Ich halte diese zwei Leute für denkbar wichtig und habe sie daher geglaubt zum voraus schon, bevor sie in Wirklichkeit auftreten und figurieren werden, ordentlich anmelden und ankündigen zu sollen, damit ein Geruch von Bedeutsamkeit und Ruhm den beiden zarten Geschöpfen vorauseile und dieselben bei ihrem Erscheinen mit all der Achtsamkeit und sorgfältigen Liebe empfangen und angeschaut werden können, womit man meiner geringfügigen Meinung nach solcherlei Wesen fast notwendigerweise auszeichnen muß. Gegen halb ein Uhr wird ja dann der Herr Verfasser bekanntermaßen, zum Lohn für seine vielfachen Strapazen, im Palazzo oder Haus der Frau Aebi essen, schwelgen und speisen. Bis dahin wird er indessen noch eine beträchtliche Strecke Weges zurückzulegen und noch manche Zeile zu schreiben haben. Aber man weiß ja zur Genüge, daß er ebenso gern spaziert als schreibt; letzteres allerdings vielleicht um eine Nüance weniger gern als ersteres.

Vor einem bildsaubern und hübschen Haus sah ich, hart an der schönen Straße, eine Frau auf einer Bank sitzen, und kaum hatte ich sie erblickt, so erkühnte ich mich auch bereits sie anzusprechen, indem ich unter möglichst artigen und verbindlichen Wendungen Folgendes vorbrachte:

»Verzeihen Sie, wenn sich mir, einem Ihnen völlig unbekannten Menschen, bei Ihrem Anblick die eifrige und sicherlich dreiste Frage auf die Lippe drängt, ob Sie nicht vielleicht ehemals Schauspielerin gewesen seien. Sie sehen nämlich ganz und gar wie eine einstmals verwöhnte, gefeierte große Schauspielerin und Bühnenkünstlerin aus. Gewiß wundern Sie sich mit größtem Recht über die so verblüffend waghalsige kecke Anrede und

Anfrage; aber Sie haben ein so schönes Gesicht, ein so gefälliges, nettes, und ich muß beifügen, so interessantes Aussehen, zeigen eine so schöne, edle, gute Figur, schauen so grad und groß und ruhig vor sich hin, auf mich und überhaupt in die Welt hinein, daß ich mich unmöglich habe zwingen können, an Ihnen vorüberzugehen, ohne gewagt zu haben, Ihnen etwas Artiges und Schmeichelhaftes zu sagen, was Sie mir hoffentlich nicht übel nehmen werden, obschon ich fürchten muß, daß ich wegen meiner Leichtfertigkeit Strafe und Mißbilligung verdiene. Als ich Sie sah, kam ich augenblicklich auf den Gedanken, daß Sie Schauspielerin gewesen sein müßten, und heute, so dachte ich bei mir, sitzen Sie nun hier an der einfachen, wenn auch gleich schönen Straße, vor dem hübschen kleinen Laden, als dessen Inhaberin Sie mir vorkommen. Sie sind vielleicht bis heute noch von keinem Menschen hier so ohne alle Umstände angeredet worden. Ihr freundliches und zugleich anmutiges Äußeres, Ihre liebenswürdige, schöne Erscheinung, Ihre Ruhe, Ihre feine Gestalt und Ihr edles, munteres Aussehen bei vorgerücktem Alter, das Sie mir erlauben wollen anzumerken, haben mich ermutigt, ein zutrauliches Gespräch auf offener Straße mit Ihnen anzufangen. Auch hat der schöne Tag, dessen Freiheit und Heiterkeit mich beglücken, eine Fröhlichkeit in mir angezündet, mit welcher ich vielleicht der unbekannten Dame gegenüber etwas zu weit gegangen bin. Sie lächeln! Dann sind Sie also über die ungezwungene Sprache, die ich führe, keineswegs böse. Es dünkt mich, wenn ich so sagen darf, schön und gut, daß dann und wann zwei unbekannte Menschen frei und harmlos miteinander reden, wozu wir Bewohner dieses irrenden, seltsamen Planeten, der uns ein Rätsel ist, ja schließlich Mund und Zunge und die sprachliche Fähigkeit haben, welch letztere an und für sich schon so schön und seltsam ist. Jedenfalls haben Sie mir, als ich Sie sah, sogleich herzlich gut gefallen; doch ich muß mich nun respektvoll entschuldigen, und ich möchte Sie bitten, überzeugt zu sein, daß Sie mir die wärmste Ehrfurcht einflößen. Kann das offene Geständnis, daß ich sehr glücklich war, als ich Sie sah, Sie veranlassen, mir zu zürnen?«

»Vielmehr muß es mich freuen«, sagte die schöne Frau heiter; »aber bezüglich Ihrer Vermutung muß ich Ihnen eine Enttäuschung bereiten. Ich bin nie Schauspielerin gewesen.«

Worauf ich mich bewogen fühlte, zu sagen: »Ich bin vor einiger Zeit in diese Gegend aus kalten, traurigen, engen Verhältnissen, krank im Innern, ganz und gar ohne Glauben, ohne Zuversicht und Zutrauen, ohne jegliche schönere Hoffnung hergekommen, mit der Welt und mit mir selber entfremdet und verfeindet. Ängstlichkeit und Mißtrauen nahmen mich gefangen und begleiteten jeden meiner Schritte. Stück um Stück verlor ich dann das unedle, häßliche Vorurteil. Ich atmete hier wieder ruhiger und freier – und wurde wieder ein schönerer, wärmerer, glücklicherer Mensch. Die Befürchtungen, die mir die Seele erfüllten, sah ich nach und nach verschwinden; Trauer und Öde im Herzen und die Hoffnungslosigkeit verwandelten sich allgemach in heitere Befriedigung und in einen angenehmen, lebhaften Anteil, den ich von Neuem fühlen lernte. Ich war tot, und jetzt ist es mir, als habe mich jemand gehoben und gefördert. Wo ich viel Unschönes, Hartes und Beunruhigendes erfahren zu müssen geglaubt habe, treffe ich den Liebreiz und die Güte an und finde ich alles Ruhige, Zutrauliche und Gute.«

»Umso besser«, sagte die Frau mit freundlicher Miene und Stimme.

Da mir der Augenblick gekommen zu sein schien, die ziemlich mutwillig begonnene Unterhaltung zu beendigen und mich zu entfernen, so grüßte ich die Frau, die ich für eine Schauspielerin gehalten hatte, die jedoch jetzt leider keine große und berühmte Schauspielerin mehr war, weil sie selbst es für nötig gefunden hatte zu bestreiten, mit, ich darf wohl sagen, ausgesuchter, sehr sorgfältiger Höflichkeit, indem ich mich vor ihr verneigte, und ging friedlich, wie wenn weiter gar nichts geschehen wäre, weiter.

Eine bescheidene Frage: Ist vielleicht nachgerade für ein zierliches Putzgeschäft unter grünen Bäumen hervorragendes Interesse und womöglich etlicher Beifall spärlich vorhanden?

Ich glaube stark daran, und so wage ich die ganz ergebene Mitteilung zu machen, daß ich im Gehen und Vormarschieren auf dem schönsten aller Wege einen ziemlich albernen, jünglinghaften und lauten Freudeschrei aus einer Kehle ausstieß, die solches und ähnliches selber nicht für möglich hielt. Was sah und entdeckte ich Neues, Unerhörtes und Schönes? Ei, ganz einfach besagtes allerliebstes Putzgeschäft und Modesalon. Paris und Petersburg, Bukarest und Mailand, London und Berlin, alles, was elegant, liederlich und hauptstädtisch ist, trat mir nah, tauchte vor mir auf, um mich zu faszinieren und zu bezaubern. Aber in den Haupt- und Weltstädten fehlt der grüne sanfte Baumschmuck, der Schmuck und die Wohltat freundlicher Wiesen und vieler lieben zarten Blätter und nicht zuletzt der süße Blumenduft, und den hatte ich hier. »Das alles«, so nahm ich mir im stillen und während des Stillstehens vor, »schreibe ich bestimmt demnächst in ein Stück oder in eine Art Phantasie hinein, die ich ›Der Spaziergang‹ betiteln werde. Namentlich darf mir dieser Damenhutladen keineswegs darin fehlen. Ein hoher malerischer Reiz würde dem Stück sonst sicher abgehen, und diesen Mangel werde ich so gut zu vermeiden als zu umgehen und unmöglich zu machen wissen.« Die Federn, Bänder, künstlichen Früchte und Blumen auf den netten drolligen Hüten waren für mich fast ebenso anziehend und anheimelnd wie die Natur selber, die mit ihrem natürlichen Grün, mit ihren Naturfarben die künstlichen Farben und phantastischen Modeformen umrahmte und zart einschloß, derart, als sei das Putzgeschäft ein bloßes liebliches Gemälde. Ich rechne, wie gesagt, hiebei mit dem feinsten Verständnis seitens des Lesers, vor dem ich mich aufrichtig fürchte. Dieses elende Feiglingsgeständnis ist begreiflich. Es ist noch allen kühneren Autoren so gegangen.

Gott! was erblickte ich, ebenfalls unter Blättern, für einen reizenden, niedlichen, entzückenden Fleischladen mit rosaroter Schweine-, Rind- und Kalbfleischware. Der Metzger hantierte im Ladeninnern, wo auch Käufer standen. Einen Schrei ist dieser Metzgerladen gewiß ebenso gut wert wie der Laden mit den Hüten. Drittens sei ein Spezereiladen sanft genannt. Zu allerlei Wirtschaften komme ich später, wie mir scheint, noch früh genug. Man kann mit Wirtshäusern zweifellos nicht spät genug am Tag anfangen, weil sich ja Folgen einstellen, die man kennt, und zwar leider jeder selber nur zur Genüge. Auch der Tugendhafteste darf nicht bestreiten, daß er gewisser Untugenden nie ganz Herr wird. Glücklicherweise jedoch ist man ja – Mensch und als solcher leicht zu entschuldigen. Man beruft sich einfach auf die Schwachheit der Organisation.

Hier habe ich mich wieder einmal neu zu orientieren. Ich setze voraus, daß mir Neueinrichtung und Umgruppierung so gut gelingen wie irgend einem Generalfeldmarschall, der alle Umstände überblickt und alle Zufälligkeiten und Rückschläge in das Netz seiner, es wird gestattet sein zu sagen, genialen Berechnung zieht. In den Tagesblättern liest solches ein fleißiger Mensch gegenwärtig täglich, und er merkt sich Ausdrücke, wie: Flankenstoß. Ich bin in letzter Zeit zu der Überzeugung gekommen, daß Kriegskunst und Kriegführung fast so schwer und geduldheischend sind wie Dichtkunst und umgekehrt. Auch Schriftsteller treffen oft, wie Generäle, langwierigste Vorbereitungen, ehe sie zum Angriff zu schreiten und eine Schlacht zu liefern wagen, oder mit andern Worten ein Machwerk oder Buch auf den Büchermarkt schleudern, was herausfordernd wirkt und mitunter zu gewaltigen Gegenangriffen mächtig reizt. Bücher locken Besprechungen hervor, und diese fallen manchmal so grimmig aus, daß das Buch sterben und der Verfasser verzweifeln muß!

Befremden darf nicht, wenn ich sage, daß ich alle diese hoffentlich zierlichen netten Zeilen mit deutscher Reichsgerichtsfeder schreibe. Daher die sprachliche Kürze, Prägnanz und Schärfe, die an einigen Stellen zu spüren ist, worüber sich jetzt niemand weiter wundere.

Aber wann komme ich wohl endlich zu dem wohlverdienten Schmaus bei meiner Frau Aebi? Ich fürchte, daß das noch ziemlich lange dauert, da noch erkleckliche Hindernisse wegzuräumen sind. Appetit wäre längst in Hülle und Fülle vorhanden.

Indem ich wie ein besserer Strolch, feinerer Vagabund und Tagedieb oder Zeitverschwender und Landstreicher so des Weges ging, neben allerlei mit zufriedenem behaglichem Gemüse vollbepflanzten und vollgestopften Gärten vorbei, neben Blumen und Blumenduft vorbei, neben Obstbäumen und neben Bohnenstangen und Stauden voll Bohnen vorbei, neben hochaufragendem Getreide, wie Roggen, Hafer und Weizen vorbei, neben einem Holzplatz mit vielen Hölzern und Holzspänen vorbei, neben saftigem Gras und neben einem artig plätschernden Wässerchen, Fluß oder Bach vorbei, neben allerhand Leuten, wie lieben handeltreibenden Marktfrauen, hübsch vorbei, neben einem mit Lust- und Freudenfahnen geschmückten Vereinshaus ebenso gut wie an manchen andern gutmütigen und nützlichen Dingen vorbei, neben einem besonders schönen und lieben Feen-Apfelbäumchen vorbei und weiß der liebe Gott an was sonst noch allem Möglichen vorbei, wie z. B. auch an Erdbeerbüschen und Blüten oder besser bereits an den reifen roten Erdbeeren manierlich vorbei, währenddessen mich immer allerlei mehr oder weniger schöne und angenehme Gedanken stark beschäftigten, weil beim Spazieren viele Einfälle, Lichtblitze und Blitzlichter sich ganz von selber einmengen und einfinden, um sorgfältig verarbeitet zu werden, kam ein Mensch, ein Ungeheuer, ein Ungetüm mir entgegen, der mir die helle lichte Straße fast völlig verdunkelte, ein lang- und hochaufgeschossener unheimlicher Kerl, den ich leider nur allzu gut kannte, ein höchst sonderbarer Geselle, nämlich der Riese Tomzack. An allen andern Orten und auf allen andern Wegen eher als hier auf dem lieben weichen Landweg würde ich ihn vermutet haben. Seine trauervolle, schauervolle Erscheinung, sein tragisches, ungeheures Wesen flößte mir Schrecken ein und nahm alle gute, schöne und helle Aussicht und alle Froheit und Freude von mir weg. Tomzack! Nicht wahr, lieber Leser, der Name allein klingt schon nach schrecklichen und schwermütigen Dingen. »Was verfolgst du mich, was hast du nötig, mir hier mitten auf meinem Weg zu begegnen, du Unglückseliger?« rief ich ihm entgegen; doch Tomzack gab mir keine Antwort. Groß schaute er mich an, d. h. er schaute nur so von hoch oben auf mich herab; denn er überragte mich an Länge und Höhe um ein Bedeutendes. Ich kam mir neben ihm wie ein Zwerg oder wie ein kleines armes schwaches Kind vor. Mit der größten Leichtigkeit hätte mich der Riese zertreten oder erdrücken können. Ah, ich wußte, wer er war. Für ihn gab es keine Ruhe. Ruhelos ging er in der Welt umher. In keinem sanften Bett schlief er, und in keinem wohnlichen heimeligen Hause durfte er wohnen. Er hauste überall und nirgends. Heimat hatte er keine, und irgend ein Heimatrecht besaß er keins. Ohne Vaterland und ohne Glück war er; gänzlich ohne Liebe, und ohne Menschenfreude mußte er leben. Anteil nahm er nicht, und auch an ihm und an seinem Treiben und Leben nahm niemand Anteil. Vergangenheit, Gegenwart und Zukunft waren ihm eine wesenlose Wüste, und das Leben war zu gering, zu klein, zu eng für ihn. Es gab keinerlei Bedeutung für ihn, und er selbst wieder bedeutete für niemanden etwas. Aus seinen großen Augen brach ein Glanz von Überwelten- oder Unterwelten-Gram. Ein unendlicher Schmerz sprach aus seinen müden schlaffen Bewegungen. Er war nicht tot und nicht lebendig, nicht alt und nicht jung.

Hunderttausend Jahre alt schien er mir zu sein, und es schien mir, als müsse er ewig leben, um ewig nicht lebendig zu sein. Er starb jeden Augenblick und vermochte dennoch nicht zu sterben. Kein Grab mit Blumen gab es für ihn. Ich wich ihm aus und murmelte für mich: »Leb wohl, und laß es dir immerhin gut gehen, Freund Tomzack.«

Ohne mich nach dem Phantom, nach dem bedauernswürdigen Koloß und Übermenschen weiter umzusehen, wozu ich wahrhaftig nicht die geringste Lust hatte, ging ich weiter und gelangte bald nachher, so in der weichen, warmen Luft ruhig weiterschreitend und den trüben Eindruck verwindend, den die fremdartige Mannes- oder vielmehr Riesengestalt auf mich gemacht hatte, in einen Tannenwald, durch den sich ein gleichsam lächelnder, schelmisch anmutiger Weg schlängelte, den ich mit Vergnügen verfolgte. Weg und Waldboden waren wie ein Teppich, und hier im Waldinnern war es still wie in einer glücklichen Menschenseele, wie in einem Tempelinnern, wie in einem Palast und verzauberten und verträumten Märchenschlosse, wie im Dornröschenschloß, wo alles schläft und schweigt seit Hunderten von langen Jahren. Tiefer drang ich hinein, und ich rede vielleicht ein wenig schön, wenn ich sage, daß ich mir wie ein Prinz mit goldenem Haar und den Körper bedeckt mit einer kriegerischen Rüstung erschien. Es war so feierlich im Wald, daß schöne und feierliche Einbildungen ganz von selber sich des empfindlichen Spaziergängers bemächtigten. Wie war ich über die süße Waldesstille und Ruhe glücklich! Von Zeit zu Zeit drang von außen her einiger schwacher Lärm in die liebliche Abgeschiedenheit und reizende Dunkelheit hinein, etwa ein Schlag, ein Pfiff oder sonst ein Geräusch, dessen ferner Schall die herrschende Geräuschlosigkeit nur noch erhöhte, die ich recht nach Herzenslust einatmete, und deren Wirkung ich förmlich trank und schlürfte. Da und dort in all der Schweigsamkeit und in all der Stille ließ ein Vogel aus dem liebreizenden und heiligen Verborgenen heraus seine heitere Stimme vernehmen. Ich stand so und horchte, und plötzlich befiel mich ein unsagbares Weltempfinden und ein damit verbundenes, gewaltsam aus der Seele hervorbrechendes Dankbarkeitsgefühl. Die Tannen standen kerzengerade wie Säulen da, und nicht das Geringste rührte sich im weiten zarten Walde, den allerlei unhörbare Stimmen zu durchklingen und zu durchhallen schienen. Töne aus der Vorwelt kamen, von ich weiß nicht woher, an mein Ohr. »O, so will denn auch ich gerne, wenn es sein soll, zu Ende gehen und sterben. Eine Erinnerung wird mich dann noch im Grabe beglücken, und eine Dankbarkeit wird mich im Tode beleben; ein Danksagen für die Genüsse, für die Freude, für das Entzücken; ein Danksagen für das Leben und eine Freude über die Freude.« Leises hohes Rauschen ließ sich, von oben aus den Tannwipfeln herabsäuselnd, vernehmen. »Hier müßte Lieben und Küssen göttlich schön sein«, sagte ich mir. Die bloßen Schritte auf dem angenehmen Boden wurden zum Genuß, und die Ruhe zündete in der fühlenden Seele Gebete an. »Hier tot zu sein und in der kühlen Walderde unauffällig begraben zu liegen, müßte süß sein. Ach, daß man den Tod im Tode fühlen und genießen dürfte! Vielleicht ist es so. Im Walde ein ruhiges kleines Grab zu haben, wäre schön. Vielleicht würde ich das Singen der Vögel und das Waldrauschen über mir hören. Ich wünschte mir das.« Herrlich fiel eine Sonnenstrahlen-Säule zwischen Eichenstämmen in den Wald herab, der mir wie ein liebes grünes Grab erschien. Bald trat ich wieder ins helle Freie hinaus und ins Leben.

Es käme jetzt und träte hervor ein Wirtshaus, und zwar ein sehr feines, reizendes, schmeichelhaftes, ein Wirtshaus, nah am Rand des Waldes gelegen, aus dem ich soeben erst herauskam, ein Wirtshaus mit köstlichem Garten voll erquicklichem Schatten. Der Garten läge auf einem aussichtsreichen niedlichen Hügel, und dicht daneben läge oder stände ein künstlicher Extra-Aussichtshügel oder Rondell, wo man stehen und ziemlich lang sich über die prächtige Aussicht freuen könnte. Ein Glas Bier oder Wein wäre sicher auch nicht schlecht; aber der Mensch, der hier spaziert, besinnt sich rechtzeitig, daß er sich ja auf keinem gar so sehr anstrengenden Ausmarsch befindet. Das mühereiche Gebirge liegt weit in der bläulich glänzenden, weißumhauchten Ferne. Er muß sich ehrlich gestehen, daß sein Durst weder mordsmäßig noch heidenmäßig ist, da er bis jetzt verhältnismäßig nur kleine Strecken zurückzulegen gehabt hat. Handelt es sich doch hier mehr um zartes, sanftes Spazierengehen als um eine Reise und Wanderung, und mehr um einen feinen Rundgang als um einen Gewaltritt und -Marsch, und daher verzichtet er gerechter- so gut wie vernünftigerweise auf den Eintritt ins Lusthaus und Erquickungshaus und nimmt Abgang. Alle ernsthaften Leute, die dies lesen, werden seinem schönen Entschluß und seinem guten Willen gewiß reichen Beifall zollen. Nahm ich nicht bereits vor einer Stunde Anlaß, eine jugendliche Sängerin anzumelden? Sie tritt jetzt auf.

Und zwar an einem Fenster zu ebener Erde.

Ich kam nämlich jetzt aus der Waldabschwenkung wieder in den Hauptweg zurück und da hörte ich – –

Doch halt! und eine kleine Anstandspause gemacht. Schriftsteller, die ihren Beruf verstehen, nehmen denselben möglichst ruhig. Sie legen gern von Zeit zu Zeit die Feder ein wenig aus der Hand. Anhaltendes Schreiben ermüdet wie Erdarbeit.

Was ich aus dem Fenster zu ebener Erde hörte, war der lieblichste, frischeste Volks- und Operngesang, der mir als Morgen-Ohrenschmaus und als Vormittagskonzert völlig unentgeltlich in die überraschten Ohren tönte. Ein junges Mädchen, das fast noch ein Schulmädchen und doch auch schon schlank und groß war, stand nämlich im hellen Kleid am ärmlichen Vorstadtfenster, und dieses Mädchen sang in die blaue Luft hinaus und hinauf einfach zum Entzücken. Auf das angenehmste betroffen und durch den unerwarteten Gesang bezaubert, blieb ich seitwärts stehen, um die Sängerin nicht zu stören und mich damit nicht der Zuhörerschaft sowie des Genusses zu berauben. Das Lied, das die Kleine sang, schien von glücklicher und lieblicher Art zu sein; die Töne klangen wie junges, unschuldiges Lebens- und Liebesglück selber; sie flogen, gleich Engelsgestalten mit schneeweißem Freudengefieder, in den Himmel, aus welchem sie wieder herunterzufallen und mit einem Lächeln zu sterben schienen. Es glich dem Sterben aus Kummer, dem Sterben vielleicht auch aus überzarter Freude, einem überglücklichen Lieben und Leben und einem Nichtlebenkönnen wegen zu reicher und schöner Vorstellung vom Leben, daß gewissermaßen der zärtliche, von Liebe und Glück überquellende, übermütig in das Dasein drängende Gedanke sich zu überstürzen und über sich selber zusammenzubrechen schien. Als das Mädchen mit dem ebenso einfachen wie reichen, reizenden Gesang, mit dem schmelzenden Mozart- oder Hirtinnen-Lied zu Ende gekommen war, trat ich zu ihr hin, grüßte sie, bat sie um Erlaubnis, ihr zu der schönen Stimme gratulieren zu dürfen, und machte ihr wegen des ungewöhnlich seelenvollen Vortrages mein Kompliment. Die kleine Gesangskünstlerin, die wie ein Reh oder wie eine Art Antilope in Mädchenform aussah, schaute mich mit schönen braunen Augen verwundert und fragend an. Sie hatte ein sehr feines, zartes Gesicht und lächelte einnehmend und artig. »Ihnen«, sagte ich zu ihr, »steht, wenn Sie Ihre schöne, junge, reiche Stimme zu pflegen und behutsam auszubilden wissen, wozu es sowohl Ihres eigenen wie des Verständnisses anderer bedarf, eine glänzende Zukunft und große Laufbahn bevor; denn Sie erscheinen mir, offen und ehrlich gestanden, wie die zukünftige große Opernsängerin selber! Ihr Wesen ist offenbar klug, Sie selber sind sanft und schmiegsam, und Sie besitzen, wenn mich meine Vermutungen nicht gänzlich trügen, eine ganz bestimmte Seelenkühnheit. Feuer und offensichtlicher Adel des Herzens sind Ihnen eigen; das hörte ich soeben aus dem Liede, das Sie so schön und wahrhaft gut gesungen haben. Sie haben Talent, noch mehr: Sie haben unzweifelhaft Genie! und ich rede Ihnen da durchaus nichts Leeres und Unwahres vor. Es ist mir darum zu tun, Sie zu bitten, recht sorgsam acht auf Ihre edle Begabung zu geben, sie vor Verunstaltung, Verstümmelung, vorzeitigem gedankenlosem Verbrauch zu hüten. Einstweilen kann ich Ihnen nur aufrichtig sagen, daß Sie überaus schön singen und daß das etwas sehr Ernstes ist; denn es will viel bedeuten; es will vor allen Dingen bedeuten, daß man Sie auffordern soll, fleißig jeden Tag ein wenig weiter zu singen. Üben und singen Sie mit klugem, schönem Maßhalten. Sie selber kennen die Ausdehnung und den Umfang des Schatzes, den Sie besitzen, ganz gewiß nicht. In Ihrer gesanglichen Leistung tönt bereits ein hoher Grad von Natur, eine reiche Summe ahnungslosen lebendigen Wesens und Lebens und eine Fülle von Poesie und Menschlichkeit. Man glaubt Ihnen sagen zu dürfen und

Ihnen die Versicherung geben zu müssen, daß Sie eine echte Sängerin deshalb zu werden in jedem Sinn versprechen, weil man glaubt, daß Sie ein Mensch sind, den es wahrhaft aus dem Wesen heraus drängt zu singen und der erst zu leben, sich seines Lebens freuen zu können scheint, sobald er beginnt zu singen, alle vorhandene Lebenslust derart in die Kunst des Gesanges hinüberleitend, daß alles menschlich und persönlich Bedeutende, alles Seelenvolle, Verständnisvolle in ein höheres Etwas, in ein Ideal hinaufsteigt. In einem schönen Gesang ist immer ein gleichsam zusammengedrängtes und -gepreßtes Erfahren, Empfinden und Fühlen, eine zur Explosion fähige Summe von beengtem Leben und von bewegter Seele, und mit solcher Art von Gesang vermag eine Frau, wenn sie sich die guten Umstände zunutze macht und an der Leiter, die die Zufälligkeiten bilden, hinaufgelangt, als Stern am Himmel der Tonkunst viele Gemüter zu bewegen, große Reichtümer zu gewinnen, ein Publikum zu stürmischen und begeisterten Beifallskundgebungen hinzureißen und die aufrichtige Liebe und Bewunderung von Königen und Königinnen an sich zu ziehen.«

Ernst und staunend hörte das Mädchen den Worten, die ich sprach, zu, die ich indessen mehr nur zu meinem eigenen Vergnügen redete, als um von der Kleinen gewürdigt und begriffen zu werden, wozu ihr die nötige Reife fehlte.

Von weitem sehe ich bereits einen Bahnübergang, den ich zu überschreiten haben werde; aber einstweilen bin ich noch nicht so weit; denn ich habe, muß man unbedingt wissen, vorher noch zwei bis drei wichtige Kommissionen zu besorgen und einige notwendige unumgängliche Abmachungen zu treffen. Über diese Kommissionen soll so umständlich und so genau wie möglich Bericht abgelegt oder abgestattet werden. Man wird mir huldreich gestatten, zu bemerken, daß ich im Vorbeigehen in einem eleganten Herren-Maßgeschäft oder Schneideratelier wegen eines neuen Anzuges, den ich anprobieren oder umändern lassen muß, tunlich vorzusprechen habe. Zweitens habe ich im Gemeindehaus oder Amthaus schwere Steuern zu entrichten, und drittens soll ich ja einen bemerkenswerten Brief auf die Post tragen und in den Briefkasten hinab werfen. Man sieht, wie viel ich zu erledigen habe und wie dieser scheinbar so bummelige und behagliche Spaziergang voll praktischer geschäftlicher Verrichtungen ist, und man wird daher wohl die Güte haben, Verzögerungen zu verzeihen, Verspätungen zu billigen und langfädige Auseinandersetzungen mit Berufs- und Kanzleimenschen gutzuheißen, ja vielleicht sogar als willkommene Beigaben und Beiträge zur Unterhaltung zu begrüßen. Wegen aller hieraus entstehenden Längen, Weiten und Breiten bitte ich zum voraus gebührend um gefällige Entschuldigung. Ist je ein Provinz- und Hauptstadt-Autor gegenüber seinem Leserzirkel schüchterner und höflicher gewesen?

Ich glaube kaum, und daher fahre ich mit äußerst ruhigem Gewissen im Erzählen und Plaudern fort und melde folgendes:

Um der tausend Gottes willen, es ist ja höchste Zeit, zu Frau Aebi zu springen, um zu dinieren oder mittag zu essen. Soeben schlägt es halb ein Uhr. Glücklicherweise wohnt mir die Dame in allernächster Nähe. Ich brauche nur glatt wie ein Aal ins Haus hinein zu schlüpfen wie in ein Schlupfloch und wie in eine Unterkunft für arme Hungrige und bedauerliche Heruntergekommene. Frau Aebi empfing mich aufs liebenswürdigste. Meine Pünktlichkeit war ein Meisterwerk. Man weiß, wie Meisterwerke selten sind. Frau Aebi lächelte, als sie mich auftauchen sah, überaus artig. Sie bot mir auf eine herzliche und gewinnende Art, die mich sozusagen bezauberte, ihre nette kleine Hand dar und führte mich sogleich ins Eßzimmer, wo sie mich ersuchte, mich zu Tisch zu setzen, was ich natürlich mit dem denkbar größten Vergnügen und völlig unbefangen ausführte. Ohne die mindesten lächerlichen Umstände zu machen, fing ich harmlos und zwanglos an zu essen und wacker zuzugreifen und ahnte nicht von weitem, was mir zu erleben bevorstand. Ich fing also an, wacker zuzugreifen und tapfer zu essen. Derlei Tapferkeit kostet ja bekanntlich wenig Überwindung. Mit einigem Erstaunen merkte ich indessen, daß mir Frau Aebi dabei fast andächtig zuschaute. Es war dies einigermaßen auffällig. Offenbar war es für sie ergreifend, mir zuzuschauen, wie ich zugriff und aß. Mich überraschte diese sonderbare Erscheinung, der ich jedoch keine große Bedeutung beilegte. Als ich plaudern und Unterhaltung machen wollte, wehrte mir Frau Aebi ab, indem sie sagte, daß sie auf jederlei Unterhaltung mit der größten Freude verzichte. Das seltsame Wort machte mich stutzig, und es begann mir angst und bang zu werden. Ganz im geheimen fing ich an, vor Frau Aebi zu erschrecken. Als ich aufhören wollte, abzuschneiden und einzustecken, weil ich deutlich fühlte, daß ich satt sei, sagte sie mir mit fast zärtlicher Miene und Stimme, die ein mütterlicher Vorwurf leise durchzitterte: »Sie essen ja gar nicht. Warten Sie, ich will Ihnen hier noch ein recht saftiges, großes Stück abschneiden.« Ein Grauen durchrieselte mich, und ich erkühnte mich, höflich und artig einzuwenden, daß ich hauptsächlich hergekommen sei, um einigen Geist zu entfalten, worauf Frau Aebi unter einem liebreizenden Lächeln sagte, daß sie das keineswegs für nötig halte. »Ich vermag unmöglich, weiter zu essen«, sagte ich dumpf und gepreßt. Ich war schon nahe am Ersticken und schwitzte bereits vor Angst. Frau Aebi sagte: »Ich darf unmöglich zugeben, daß Sie schon aufhören wollen, abzuschneiden und einzustecken, und nimmermehr glaube ich, daß Sie wirklich satt sind. Sie sagen ganz bestimmt nicht die Wahrheit, wenn Sie sagen, daß Sie bereits am Ersticken seien. Ich bin verpflichtet, zu glauben, daß das nur Höflichkeiten sind. Auf jederlei geistreiches Geplauder verzichte ich, wie ich Ihnen schon gesagt habe, mit Vergnügen. Sie sind sicherlich hauptsächlich zu mir gekommen, um zu beweisen und zu bekunden, daß Sie Appetit haben und ein starker

Esser sind. Diese Anschauung darf ich unter keinen Umständen preisgeben. Ich möchte Sie recht herzlich bitten, sich in das Unvermeidliche gutwillig zu schicken; denn ich kann Ihnen versichern, daß es für Sie keine andere Möglichkeit gibt, vom Tisch aufzustehen, als die, die darin besteht, daß Sie alles, was ich Ihnen abgeschnitten habe und fernerhin noch abschneiden werde, säuberlich aufessen und einstecken. Ich fürchte, daß Sie rettungslos verloren sind; denn Sie müssen wissen, daß es Hausfrauen gibt, die ihre Gäste so lange nötigen, zuzugreifen und einzupacken, bis dieselben zerbrechen. Ein jämmerliches, klägliches Schicksal steht Ihnen bevor; aber Sie werden es mutig ertragen. Wir alle müssen eines Tages irgend ein großes Opfer bringen. Gehorchen Sie und essen Sie. Gehorsamkeit ist ja so süß. Was schadet es, wenn Sie dabei zugrunde gehen. Hier dieses höchst delikate, zarte und große Stück werden Sie mir ganz gewiß noch vertilgen, ich weiß es. Nur Mut, mein bester Freund! Uns allen tut Kühnheit not. Was sind wir wert, wenn wir nur immer auf dem eigenen Willen beharren wollen. Nehmen Sie alle Ihre Kraft zusammen und zwingen Sie sich, Höchstes zu leisten, Schwerstes zu ertragen und Härtestes auszuhalten. Sie glauben nicht, wie es mich freut, Sie essen zu sehen, bis Sie die Besinnung verlieren. Sie stellen sich gar nicht vor, wie ich mich grämen würde, wenn Sie das vermeiden wollten; aber nicht wahr, das tun Sie nicht; nicht wahr, Sie beißen und greifen zu, auch wenn Sie schon bis in den Hals hinauf voll sind.«

»Entsetzliche Frau, was muten Sie mir zu?« schrie ich, indem ich vom Tisch jählings aufsprang und Miene machte, auf und davon zu stürzen. Frau Aebi hielt mich jedoch zurück, lachte laut und herzlich und gestand mir, daß sie sich einen Scherz mit mir erlaubt habe, den ich so gut sein solle, ihr nicht übel zu nehmen. »Ich habe Ihnen nur ein Beispiel geben wollen, wie es gewisse Hausfrauen machen, die vor Liebenswürdigkeit gegenüber ihren Gästen fast überfließen.«

Auch ich mußte natürlich lachen, und ich darf gestehen, daß mir Frau Aebi in ihrem Übermut sehr gut gefiel. Sie wollte mich für den ganzen Nachmittag in ihrer Umgebung haben und war fast ein wenig ungehalten, als ich ihr sagte, daß es leider für mich ein Ding der Unmöglichkeit sei, ihr länger Gesellschaft zu leisten, weil ich gewisse wichtige Dinge zu erledigen hätte, die ich nicht aufschieben dürfte. Es war äußerst schmeichelhaft für mich, Frau Aebi lebhaft bedauern zu hören, daß ich so rasch wieder davongehen müsse und wolle. Sie fragte mich, ob es wirklich so dringend nötig sei, auszureißen und zu entwischen, worauf ich ihr die heilige Versicherung ablegte, daß nur äußerste Dringlichkeiten im stande seien und die Kraft hätten, mich von so angenehmem Ort und von so anziehender, verehrenswürdiger Persönlichkeit so schnell wegzuziehen, mit welchen Worten ich mich von ihr verabschiedete.

Es galt jetzt einen hartnäckigen, widerspenstigen, von der Unfehlbarkeit seines fraglos meisterlichen Könnens scheinbar in jeder Hinsicht überzeugten, von seinem Wert und seiner Leistungsfähigkeit vollkommen durchdrungenen, in diesen seinen Überzeugungen unerschütterlichen Schneider oder Marchand Tailleur zu besiegen, zu bändigen, zu überrumpeln und zu erschüttern. Schneidermeisterliche Festigkeit zu erlahmen muß als eine der schwierigsten und mühseligsten Aufgaben betrachtet werden, die die Kühnheit unternehmen und der waghalsige Entschluß vorwärts zu treiben entschlossen sein kann. Vor Schneidern und ihren Anschauungen habe ich überhaupt eine ständige, kräftige Furcht; ich schäme mich dieses traurigen Eingeständnisses in keiner Weise; denn Furcht ist hier erklärlich und verständlich. Ich war denn jetzt auch auf Schlimmes, wenn nicht sogar vielleicht auf das Schlimmste und Böseste gefaßt, und rüstete mich für diesen höchst gefährlichen Angriffskrieg mit Eigenschaften, wie Mut, Trotz, Zorn, Entrüstung, Verachtung oder gar Todesverachtung aus, mit welchen ohne Zweifel sehr schätzenswerten Waffen ich der beißenden Ironie und dem Spott hinter erheuchelter Treuherzigkeit erfolgreich und siegreich entgegentreten zu können hoffte. Es kam anders; aber ich will bis auf weiteres noch darüber schweigen, umso eher, als ich ja zuerst noch einen Brief zu befördern habe. Ich habe mich nämlich soeben entschlossen, zuerst auf die Post, dann zum Schneider und erst nachher die Staatssteuer bezahlen zu gehen. Die Post, ein appetitliches Gebäude, lag mir übrigens dicht vor der Nase; ich ging fröhlich hinein und erbat mir vom zuständigen Postbeamten eine Marke, die ich auf den Brief klebte. Indem ich denselben vorsichtig in den Kasten hinabgleiten ließ, erwog und prüfte ich im nachdenkenden Geist, was ich geschrieben hatte. Wie ich noch sehr gut wußte, lautete der Inhalt folgendermaßen:

Sehr zu achtender Herr!

Die eigenartige Anrede dürfte Ihnen die Gewißheit beibringen, daß der Absender Ihnen ganz kalt gegenübersteht. Ich weiß, daß Achtung vor mir von Ihnen und denen, die Ihnen ähnlich sind, nicht zu erwarten ist; denn Sie und die, die Ihnen ähnlich sind, haben eine übergroße Meinung von sich selber, die sie verhindert, zur Einsicht und zur Rücksicht zu kommen. Ich weiß mit Bestimmtheit, daß Sie zu den Leuten gehören, die sich groß vorkommen, weil sie rücksichtslos und unhöflich sind, die sich mächtig dünken, weil sie Protektion genießen, und die weise zu sein meinen, weil ihnen das Wörtchen »weise« einfällt. Leute wie Sie erkühnen sich, gegenüber der Armut und gegenüber der Unbeschütztheit hart, frech, grob und gewalttätig zu sein. Leute wie Sie besitzen die außerordentliche Klugheit, zu meinen, daß es notwendig sei, überall an der Spitze zu stehen, allenortes ein Übergewicht zu besitzen und zu jeder Tageszeit zu triumphieren. Leute wie Sie merken nicht, daß das töricht ist, daß das weder im Bereich der

Möglichkeit liegt noch wünschenswert sein kann. Leute wie Sie sind Protzen und sind jederzeit bereit, der Brutalität eifrig zu dienen. Leute wie Sie sind überaus mutig darin, daß sie jeden wahren Mut sorgfältig vermeiden, weil sie wissen, daß jeder wahre Mut Schaden zu bringen verspricht, und sie sind mutig darin, daß sie sich stets als die Guten und Schönen hinzustellen ungemein viel Lust und ungemein viel Eifer bekunden. Leute wie Sie respektieren weder das Alter noch das Verdienst, noch ganz bestimmt die Arbeit. Leute wie Sie respektieren das Geld, und der Respekt vor dem Geld verhindert sie, irgend etwas anderes hochzuachten. Wer redlich arbeitet und sich emsig abmüht, ist in den Augen von Leuten wie Sie ein ausgesprochener Esel. Ich irre mich nicht; denn mein kleiner Finger sagt mir, daß ich recht habe. Ich wage Ihnen ins Gesicht hinein zu sagen, daß Sie Ihr Amt mißbrauchen, weil Sie recht gut wissen, mit wie viel Umständen und Unannehmlichkeiten es verbunden wäre, Ihnen auf die Finger zu klopfen; aber in der Huld und Gnade, in der Sie stecken, und von günstigen Voraussetzungen umgeben, sind Sie dennoch höchst angefochten; denn Sie fühlen ohne Zweifel, wie sehr Sie schwanken. Sie hintergehen das Zutrauen, halten Ihr Wort nicht, schädigen ohne Besinnen den Wert und das Ansehen derer, die mit Ihnen verkehren, beuten schonungslos aus, wo Sie Wohltat zu stiften vorgeben, verraten den Dienst und verleumden den freundlichen Diener, sind höchst wankelmütig und unzuverlässig und zeigen Eigenschaften, die man an einem Mädchen, nicht aber an einem Mann, eilig entschuldigt. Verzeihen Sie, daß ich mir erlaube, Sie für sehr schwach zu halten, und genehmigen Sie mit der aufrichtigen Versicherung, daß ich es für rätlich halte, Ihnen in Zukunft geschäftlich völlig fern zu bleiben, das immerhin erforderliche Maß und den absolut gegebenen Grad von Achtung von einem Menschen, dem die Auszeichnung und das freilich bescheidene Vergnügen zufielen, Sie kennen zu lernen.

Fast bereute ich nun, diesen Buschklepperbrief, als welcher er mir nachträglich beinahe vorkommen wollte, der Post zur Beförderung und Überbringung anvertraut zu haben; denn keiner geringeren als einer leitenden einflußreichen Person hatte ich, bitterbösen Kriegszustand heraufbeschwörend, den Abbruch der diplomatischen, besser: wirtschaftlichen Beziehungen auf so ideale Art angekündigt. Immerhin ließ ich dem Fehdebrief jetzt den Lauf, indem ich mich damit tröstete, daß ich mir sagte, daß der Mensch oder sehr zu achtender Herr ja die Botschaft vielleicht überhaupt gar nicht lese, weil er schon beim Lesen und Kosten des zweiten oder dritten Wortes wahrscheinlich die Lektüre recht satt habe und den flammenden Erguß vermutlich, ohne viel Zeit und Kraft zu verlieren, in den alles Unwillkommene verschlingenden und beherbergenden Papierkorb werfe. »Überdies vergißt sich so etwas innerhalb eines halben oder Vierteljahres naturgemäß«, folgerte und philosophierte ich und marschierte kuragös zum Schneider.

Derselbe saß fröhlich und anscheinend mit dem ruhigsten Gewissen der Welt in seinem zierlichen Modesalon oder Werkstatt, die mit feinduftenden Tüchern und Tuchresten vollgepfropft und gestopft war. In einem Vogelbauer oder Käfig lärmte, um das Idyll vollkommen zu machen, ein Vogel, und ein eifriger verschmitzter Lehrling war brav mit Zuschneiden beschäftigt. Herr Schneidermeister Dünn stand, als er meiner ansichtig wurde, vom Sitzplatz, auf welchem er emsig mit der Nähnadel focht, höflich auf, um den Ankömmling artig willkommen zu heißen. »Sie kommen wegen Ihres nächstdem durch meine Firma an Sie fix und fertig abzuliefernden, ohne Zweifel tadellos sitzenden Anzuges«, sagte er, indem er mir nur fast ein wenig zu kameradschaftlich die Hand gab, die ich mich indessen durchaus nicht scheute, kräftig zu schütteln. »Ich komme«, gab ich zurück, »um unverzagt und hoffnungsfroh zur Anprobe zu schreiten, indem ich mancherlei befürchte.«

Herr Dünn sagte, daß er alle meine Befürchtungen für überflüssig halte und daß er für Sitz und Schnitt garantiere, und indem er das sagte, geleitete er mich in eine Nebenstube, aus welcher er selber sich sofort zurückzog. Er garantierte und beteuerte wiederholt, was mir nicht recht gefallen wollte. Rasch waren die Probe und die damit auf das innigste verknüpfte Enttäuschung fertig. Ich rief, indessen ich einen überschäumenden Verdruß niederzukämpfen versuchte, heftig und gewaltsam nach Herrn Dünn, dem ich mit möglichst großer Gelassenheit und vornehmer Unzufriedenheit den vernichtenden Ausruf entgegenschleuderte: »Dachte ich es mir doch!«

»Mein allerliebster werter Herr, regen Sie sich nicht unnützerweise auf!«

Mühsam genug brachte ich hervor: »Wohl gibt es hier in Hülle und Fülle Anlaß, sich aufzuregen und untröstlich zu sein. Behalten Sie Ihre höchst unpassenden Beschwichtigungen für sich, und hören Sie gütigst auf, mich beruhigen zu wollen; denn was Sie getan haben, um einen tadellosen Anzug herzustellen, ist im höchsten Grad beunruhigend. Alle gehegten zarten oder unzarten Befürchtungen bewahrheiten sich, und die schlimmsten Ahnungen sind in Erfüllung gegangen. Wie können Sie für tadellosen Sitz und Schnitt zu garantieren wagen, und wie ist es möglich, daß Sie den Mut haben, mir zu versichern, daß Sie Meister in Ihrem Berufe sind, wo Sie bei nur einiger dünngesäter Ehrlichkeit und beim geringfügigsten Maß von Aufrichtigkeit und Aufmerksamkeit ohne weiteres werden zugestehen müssen, daß ich vollkommenes Pech habe und daß der durch Ihre werte und ausgezeichnete Firma mir zu liefernde tadellose Anzug total verpfuscht ist?«

»Den Ausdruck ›verpfuscht‹ verbitte ich mir verbindlich.«

»Ich will mich fassen, Herr Dünn.«

»Ich danke Ihnen und freue mich herzlich über diesen so angenehmen Vorsatz.«

»Sie werden mir erlauben, von Ihnen zu verlangen, daß Sie an diesem Anzug, der, gestützt auf die soeben stattgefundene sorgfältige Anprobe Haufen von Fehlern, Mängeln und Gebrechen aufweist, bedeutende Änderungen vornehmen werden.«

»Das kann man.«

»Die Unzufriedenheit, der Verdruß und die Trauer, die ich empfinde, drängen mich, Ihnen zu sagen, daß Sie mir Ärger bereitet haben.«

»Ich schwöre Ihnen, daß mir das leid tut.«

»Der Eifer, den Sie zeigen, zu schwören, daß es Ihnen leid tut, mich geärgert und in die allerschlechteste Stimmung versetzt zu haben, ändert am fehlerhaften Anzug nicht das Geringste, dem ich mich weigere, auch nur den kleinsten Grad von Anerkennung zu zollen, und dessen Annahme ich energisch zurückweise, da von Beifall und Zustimmung keine Rede sein kann. Bezüglich des Rockes fühle ich deutlich, daß er mich zum buckligen und daher häßlichen Menschen macht, eine Verunstaltung, mit der ich mich unter keinen Umständen einverstanden erklären kann. Ich fühle mich vielmehr bewogen, gegen eine so boshafte Ausstattung und Verzierung meines Körpers zu protestieren. Die Ärmel leiden an einer bedenkenerregenden Überfülle von Länge, und die Weste zeichnet sich dadurch in hervorragender Weise aus, daß sie den Eindruck hervorruft und den unangenehmen Schein erweckt, als habe ihr Träger einen dicken Bauch. Die Hose oder das Beinkleid ist einfach abscheulich. Zeichnung und Entwurf der Hose flößen mir ein aufrichtig empfundenes Grauen ein. Wo dieses ganz elende, dumme und lächerliche Kunstwerk von Beinkleid eine gewisse Weite besitzen sollte, weist es eine einschnürende Enge auf, und wo es eng sein sollte, ist es mehr als weit. Ihre Leistung, Herr Dünn, ist alles in allem phantasielos, und Ihr Werk beweist einen Mangel an Intelligenz. An diesem Anzug haftet etwas Erbärmliches, etwas Kleinliches, etwas Albernes, etwas Hausbackenes, etwas Lächerliches und etwas Ängstliches. Der, der ihn angefertigt hat, darf sicherlich nicht zu den schwungvollen Naturen gezählt werden. Bedauerlich ist eine derartige gänzliche Abwesenheit jeden Talentes.«

Herr Dünn besaß die Unverfrorenheit, mir zu sagen: »Ich verstehe Ihre Entrüstung nicht und werde nie zu bewegen sein, sie zu verstehen. Die zahlreichen heftigen Vorwürfe, die Sie mir machen zu müssen glauben, sind mir unbegreiflich und werden mir sehr wahrscheinlich stets unbegreiflich sein. Der Anzug sitzt sehr gut. Niemand wird mich irgend etwas anderes glauben machen. Die Überzeugung, die ich habe, daß Sie ungemein vorteilhaft darin aussehen, erkläre ich für unerschütterlich. An gewisse denselben auszeichnende Eigentümlichkeiten und Eigenartigkeiten werden Sie sich in kurzer Zeit gewöhnt haben. Höchste Staatsbeamte bestellen bei mir ihren überaus schätzenswerten Bedarf; ebenso lassen Herren Gerichtspräsidenten huldvoll bei mir arbeiten. Dieser sicherlich schlagende Beweis meiner Leistungsfähigkeit genüge Ihnen. Auf überspannte Erwartungen und Vorstellungen vermag ich nicht einzugehen, und auf anmaßliche Forderungen läßt sich Schneidermeister Dünn keineswegs ein. Besser situierte Leute und vornehmere Herren wie Sie sind mit meiner Gewandtheit und Fertigkeit in jeder Hinsicht zufrieden gewesen. Diese Anspielung dürfte Sie entwaffnen.«

Da ich einsehen mußte, daß es unmöglich sei, irgend etwas auszurichten, und da ich mir sagen mußte, daß meine vielleicht nur allzu feurige und ungestüme Attacke sich in eine schmerzliche und schmähliche Niederlage verwandelt hatte, so zog ich meine Truppen aus dem unglücklichen Gefecht zurück, brach weich ab und flog beschämt davon. Solchergestalt endete das kühne Abenteuer mit dem Schneider. Ohne mich nach irgend welchen andern Dingen umzuschauen, eilte ich auf die Gemeindekasse oder auf das Steuerbureau wegen der Steuern; aber hier muß ich einen gröblichen Irrtum berichtigen.

Es handelte sich nämlich, wie mir jetzt nachträglich einfällt, nicht um Zahlung, sondern lediglich einstweilen um eine mündliche Besprechung mit dem Herrn Präsidenten der löblichen Steuerkommission und um Eingabe oder Abgabe einer feierlichen Erklärung. Man nehme mir den Irrtum nicht übel und höre freundlich, was ich hierüber zu sagen haben werde. So gut wie der standhafte und unerschütterliche Schneidermeister Dünn Tadellosigkeit versprach und garantierte, verspreche und garantiere ich in Bezug auf die abzulegende Steuer-Erklärung Exaktheit und Ausführlichkeit sowohl wie Knappheit und Kürze.

Ich springe sofort in die bezügliche scharmante Situation hinein: »Erlauben Sie mir, Ihnen zu sagen«, sagte ich frei und offen zum Steuermann oder hohen Steuerbeamten, der mir sein obrigkeitliches Ohr schenkte, um dem Bericht, den ich abstattete, mit gehöriger Aufmerksamkeit zu folgen, »daß ich als armer Schriftsteller und Federführer oder *Homme de Lettres* ein sehr fragwürdiges Einkommen genieße. Von irgend welcher Vermögens-Anhäufung kann natürlich bei mir nicht die Spur zu sehen und zu finden sein. Ich stelle das zu meinem großen Bedauern fest, ohne indessen über die klägliche Tatsache zu verzweifeln oder zu weinen. Ich schlüpfe notdürftig durch, wie man sagt. Luxus treibe ich keinen; das vermögen Sie mir auf den ersten Blick anzusehen. Das Essen, das ich esse, kann als hinlänglich und spärlich bezeichnet werden. Es ist Ihnen eingefallen zu glauben, daß ich Herr und Gebieter von vielerlei Einkünften sei; ich bin aber genötigt, diesem

Glauben und allen diesen Vermutungen höflich aber entschieden entgegenzutreten und die schlichte, nackte Wahrheit zu sagen, und diese lautet auf alle Fälle, daß ich überaus frei von Reichtümern, dagegen aber vollbehangen von jeder Art Armut bin, was Sie die Güte haben und vormerken wollen. Sonntags darf ich mich auf der Straße gar nicht blicken lassen, weil ich kein Sonntagskleid habe. An solidem und sparsamem Lebenswandel ähnele ich einer Feldmaus. Ein Sperling hat mehr Aussichten, wohlhabend zu werden als gegenwärtiger Berichterstatter und Steuerzahler. Ich habe Bücher geschrieben, die dem Publikum leider nicht gefallen, und die Folgen davon sind herzbeklemmend. Ich zweifle keinen Augenblick, daß Sie das einsehen und daß Sie infolgedessen meine finanzielle Lage verstehen. Bürgerliche Stellung und bürgerliches Ansehen besitze ich nicht; das ist sonnenklar. Verpflichtungen einem Menschen gegenüber, wie ich bin, scheint es überhaupt keine zu geben. Das lebhafte Interesse für die schöne Literatur ist überaus spärlich vertreten, und die schonungslose Kritik, die jedermann an unsereins Werken glaubt üben und pflegen zu dürfen, bildet eine weitere starke Ursache der Schädigung und hemmt wie ein Hemmschuh die Verwirklichung irgend eines bescheidenen Wohlstandes. Wohl gibt es gütige Gönner und freundliche Gönnerinnen, die mich von Zeit zu Zeit in der edelsten Art unterstützen; aber eine Gabe ist kein Einkommen, und eine Unterstützung ist kein Vermögen. Aus allen diesen sprechenden und doch wohl überzeugenden Gründen, mein hochgeehrter Herr, möchte ich Sie ersuchen, von jederlei Steuererhöhung, die Sie mir angekündigt haben, abzusehen, und ich muß Sie bitten, wenn nicht beschwören, meine Zahlungskraft so niedrig einzuschätzen wie nur immer möglich.«

Der Herr Vorsteher oder Herr Taxator sagte: »Man sieht Sie aber immer spazieren!«

»Spazieren«, gab ich zur Antwort, »muß ich unbedingt, um mich zu beleben und um die Verbindung mit der lebendigen Welt aufrecht zu halten, ohne deren Empfinden ich keinen halben Buchstaben mehr schreiben und nicht das leiseste Gedicht in Vers oder Prosa mehr hervorbringen könnte. Ohne Spazieren wäre ich tot, und mein Beruf, den ich leidenschaftlich liebe, wäre vernichtet. Ohne Spazieren und Bericht-Auffangen könnte ich auch keinen Bericht mehr abstatten und nicht den winzigsten Aufsatz mehr, geschweige denn eine ganze lange Novelle verfassen. Ohne Spazieren würde ich ja gar keine Beobachtungen und gar keine Studien machen können. Ein so gescheiter und aufgeweckter Mann wie Sie darf und wird das augenblicklich begreifen. Auf einem schönen und weitschweifigen Spaziergang fallen mir tausend brauchbare nützliche Gedanken ein. Zu Hause eingeschlossen, würde ich elendiglich verkommen und verdorren. Spazieren ist für mich nicht nur gesund und schön, sondern auch dienlich und nützlich. Ein Spaziergang fördert mich beruflich und macht mir zugleich auch noch persönlich Spaß und Freude; er erquickt und tröstet und freut mich, ist mir ein Genuß und hat gleichzeitig die Eigenschaft, daß er mich zu weiterem Schaffen reizt und anspornt, indem er mir zahlreiche kleine und große Gegenständlichkeiten als Stoff darbietet, den ich später zu Hause emsig und eifrig bearbeite. Ein Spaziergang ist immer voll sehenswerter und fühlenswerter bedeutender Erscheinungen. Von Gebilden und lebendigen Gedichten, von Zaubereien und Naturschönheiten wimmelt es auf netten Spaziergängen meistens, und seien sie noch so klein. Naturkunde und Landeskunde öffnen sich reizvoll und anmutvoll vor den Sinnen und Augen des aufmerksamen Spaziergängers, der freilich nicht mit niedergeschlagenen, sondern mit offenen und ungetrübten Augen spazieren muß, wenn ihm der schöne Sinn und der heitere, edle Gedanke des Spazierganges aufgehen soll. Bedenken Sie, wie der Dichter verarmen und kläglich scheitern muß, wenn nicht die mütterliche und väterliche und kindlich schöne Natur ihn immer wieder von neuem mit dem Quell des Guten und Schönen erfrischt. Bedenken Sie, wie für den Dichter der Unterricht und die heilige goldene Belehrung, die er draußen im spielenden Freien schöpft, immer wieder von der größten Bedeutung sind. Ohne Spazieren und damit verbundene Naturanschauung, ohne diese ebenso liebliche wie ermahnungsreiche Erkundigung fühle ich mich wie verloren und bin es auch. Höchst liebevoll und aufmerksam muß der, der spaziert, jedes kleinste lebendige Ding, sei es ein Kind, ein Hund, eine Mücke, ein Schmetterling, ein Spatz, ein Wurm, eine Blume, ein Mann, ein Haus, ein Baum, eine Hecke, eine Schnecke, eine Maus, eine Wolke, ein Berg, ein Blatt oder auch nur ein armes weggeworfenes Fetzchen Schreibpapier, auf das vielleicht ein liebes gutes Schulkind seine ersten ungefügen Buchstaben geschrieben hat, studieren und betrachten. Die höchsten und niedrigsten, die ernstesten und lustigsten Dinge sind ihm gleicherweise lieb und schön und wert. Keinerlei empfindsamliche Eigenliebe und Leichtverletzlichkeit darf er mit sich tragen. Uneigennützig und unegoistisch muß er seinen sorgsamen Blick überallhin schweifen und herumstreifen lassen; ganz nur im Anschauen und Merken der Dinge muß er stets fähig sein aufzugehen, und sich selber, seine eigenen Klagen, Bedürfnisse, Mängel, Entbehrungen hat er, gleich dem wackeren, dienstbereiten und aufopferungsfreudigen erprobten Feldsoldaten, hintanzustellen, gering zu achten und zu vergessen. Im andern Fall spaziert er nur mit halber Aufmerksamkeit und mit halbem Geist, und das ist nichts wert. Er muß jederzeit des Mitleides, des Mitempfindens und der Begeisterung fähig sein, und er ist es hoffentlich. Er muß in den hohen Enthusiasmus hinaufzudringen und sich in die tiefste und kleinste Alltäglichkeit herunterzusenken und zu neigen vermögen, und er kann es vermutlich. Treues, hingebungsvolles Aufgehen und Sichverlieren in die Gegenstände und eifrige Liebe zu allen Erscheinungen und Dingen machen ihn aber dafür glücklich, wie jede Pflichterfüllung den Pflichtbewußten glücklich und reich im Innersten macht. Geist, Hingabe und Treue beseligen ihn und heben ihn hoch über seine eigene unscheinbare Spaziergängerperson hinaus, die nur zu oft im Geruch und schlechten Rufe des Vagabundierens und unnützen Herumstreichens steht. Seine mannigfaltigen Studien bereichern und belustigen, besänftigen und veredeln ihn und streifen mitunter, so unwahrscheinlich das auch klingen mag, hart an exakte Wissenschaft, die dem scheinbar leichtfertigen Bummler niemand zutraut. Wissen Sie, daß ich hartnäckig und zäh im Kopfe arbeite und oft im besten Sinn tätig bin, wo es den Anschein hat, als ob ich ein gedankenlos und arbeitslos im Blauen oder im Grünen mich verlierender, saumseliger, träumerischer und träger, schlechtesten Eindruck machender Erztagedieb und leichtfertiger Mensch ohne Verantwortung sei? Geheimnisvoll und heimlich schleichen dem Spaziergänger allerlei schöne feinsinnige Spaziergangsgedanken nach, derart, daß er mitten im fleißigen, achtsamen Gehen innehalten, stillstehen und horchen muß, daß er über und über von seltsamen Eindrücken und bezaubernder Geistergewalt benommen und betreten ist und er das Gefühl hat, als müsse er plötzlich in die Erde hinabsinken oder als öffne sich vor seinen geblendeten, verwirrten Denker- und Dichteraugen ein Abgrund. Der Kopf will ihm abfallen, und die sonst so lebendigen Arme und Beine sind ihm wie erstarrt. Land und Leute, Töne und Farben, Gesichter und Gestalten, Wolken und Sonnenschein drehen sich wie Schemen rund um ihn herum, und er muß sich fragen: »Wo bin ich?« Erde und Himmel fließen und stürzen mit einmal in ein blitzendes, schimmerndes, übereinanderwogendes, undeutliches Nebelgebilde zusammen; das Chaos beginnt, und die Ordnungen verschwinden. Mühsam versucht der Erschütterte seine gesunde Besinnung aufrecht zu halten; es gelingt ihm, und er spaziert vertrauensvoll weiter. Halten Sie es für ganz und gar unmöglich, daß ich auf einem weichen geduldigen Spaziergang Riesen antreffe, Professoren die Ehre habe zu sehen, mit Buchhändlern und Bankbeamten im Vorbeigehen verkehre, mit angehenden jugendlichen Sängerinnen und ehemaligen Schauspielerinnen rede, bei geistreichen Damen zu Mittag speise, durch Wälder streife, gefährliche Briefe befördere und mich mit tückischen ironischen Schneidermeistern wild herumschlage? Das alles kann vorkommen, und ich glaube, daß es in der Tat vorgekommen ist. Den Spaziergänger begleitet stets etwas Merkwürdiges, Gedankenvolles und Phantastisches, und er wäre dumm, wenn er dieses Geistige nicht beachten oder gar von sich fortstoßen würde; aber das tut er nicht; er heißt vielmehr alle sonderbaren, eigentümlichen Erscheinungen willkommen, befreundet und verbrüdert sich mit ihnen, weil sie ihn entzücken, macht sie zu gestaltenhaften wesenvollen Körpern, gibt ihnen Bildung und Seele, wie sie ihrerseits ihn beseelen und bilden. Ich verdiene mit einem Wort mein tägliches Brot durch Denken, Grübeln, Bohren, Graben, Sinnen, Dichten, Untersuchen, Forschen und Spazieren so sauer wie irgend einer. Indem ich vielleicht die allervergnügteste Miene schneide, bin ich höchst ernsthaft und gewissenhaft, und wo ich weiter nichts als zärtlich und schwärmerisch zu sein scheine, bin ich ein solider Fachmann! Ich hoffe, daß alle diese eingehenden Aufklärungen Sie von meinen ehrlichen Bestrebungen überzeugen und Sie vollauf befriedigen.«

Der Beamte sagte: »Gut!«, und er fügte bei: »Ihr Gesuch betreffs Bewilligung möglichst niedrig zu veranschlagenden Steuersatzes werden wir näher prüfen und Ihnen diesbezüglich baldige abschlägige oder einwilligende Mitteilung machen. Für freundlich abgelegten Wahrheitsbericht und eifrig geleistete ehrliche Aussagen dankt man Ihnen. Sie dürfen einstweilen abtreten und Ihren Spaziergang fortsetzen.«

Da ich in Gnaden entlassen war, so eilte ich freudig fort und war bald wieder im Freien. Freiheitsbegeisterungen ergriffen mich und rissen mich hin. Ich komme jetzt endlich, nach so manchem tapfer bestandenem Abenteuer und nach so manchem mehr oder weniger siegreich überwundenen schwierigen Hindernis, zu dem längst angemeldeten und vorausgesagten Eisenbahnübergang, wo ich eine Weile stehen bleiben und niedlich warten mußte, bis etwa allmählich der Zug gütigst die hohe Gnade gehabt hätte, säuberlich vorüberzufahren. Allerlei männliches und weibliches Volk jeglichen Alters und Charakters stand und wartete wie ich an der Stange. Die korpulente, nette Bahnwärtersfrau stand still wie eine Statue da und musterte uns Herumstehende und Wartende gründlich. Der vorbeisausende Eisenbahnzug war voll Militär, und alle zu den Fenstern herausschauenden, dem lieben teuren Vaterland Dienste weihenden und widmenden Soldaten, diese ganze fahrende Soldatenschule einerseits und das unnütze Zivilpublikum anderseits grüßten und winkten einander gegenseitig freundlich und patriotisch, eine Bewegung, die rund herum liebliche Stimmungen verbreitete. Da der Übergang frei geworden war, gingen ich und alle andern friedlich und ruhig weiter, und nun schien mir jederlei Umgebung mit einmal noch tausendmal schöner als vorher geworden zu sein. Der Spaziergang schien immer schöner, reicher und größer werden zu wollen. Hier beim Bahnübergang schien mir der Höhepunkt oder etwas wie das Zentrum zu sein, von wo aus es leise wieder sinken würde. Ich ahnte bereits etwas vom beginnenden sanften Abendabhang. Etwas wie goldene Wehmutwonne und süßer Schwermutzauber hauchte wie ein stiller, hoher Gott umher. »Hier ist es jetzt himmlisch schön«, sagte ich zu mir selber. Wie ein bezauberndes, Tränen heraufbeschwörendes Abschiedlied lag das zarte Land mit seinen lieben, bescheidenen Wiesen, Gärten und Häusern da. Tönend drangen leise uralte Volksklagen und Leiden des guten, armen Volkes aus allen Seiten daher. Geister mit entzückenden Gestalten und Gewändern tauchten groß und weich auf, und die liebe, gute Landstraße strahlte himmelblau und weiß und goldig. Rührung und Entzücken flogen wie aus dem Himmel niederstürzende Engelsbilder über die golden gefärbten, rosig angehauchten kleinen Armutshäuser, die der Sonnenschein zärtlich umarmte und umrahmte. Liebe und Armut und silberner-goldener Hauch gingen und schwebten Hand in Hand. Es war mir zumut, als rufe mich jemand Liebes beim Namen oder als küsse und tröste mich jemand. Gott der Allmächtige, unser gnädiger Herr, trat auf die Straße, um sie zu verherrlichen und himmlisch schön zu machen. Einbildungen aller Art und Illusionen machten mich glauben, daß Jesus Christus heraufgestiegen sei und jetzt mitten unter den Leuten und mitten durch die liebenswürdige Gegend wandere und umher wandle. Häuser, Gärten und Menschen verwandelten sich in Klänge, alles Gegenständliche schien sich in eine Seele und in eine Zärtlichkeit verwandelt zu haben. Süßer Silberschleier und Seelennebel schwamm in alles und legte sich um alles. Die Weltseele hatte sich geöffnet, und alles Leid, alle menschlichen Enttäuschungen, alles Böse, alles Schmerzhafte schienen zu entschwinden, um von nun an nie mehr wieder zu erscheinen. Frühere Spaziergänge traten mir vor die Augen; aber das wundervolle Bild der bescheidenen Gegenwart wurde zur überragenden Empfindung. Die Zukunft verblaßte, und die Vergangenheit zerrann. Ich glühte und blühte selber im glühenden, blühenden Augenblick. Aus näheren und weiteren Entfernungen trat Großes und Gutes mit herrlicher Gebärde, Beglückungen und Bereicherungen silberhell hervor, und ich phantasierte mitten in der schönen Gegend von nichts anderem als nur eben von ihr. Alle übrigen Phantasien sanken zusammen und verschwanden in der Bedeutungslosigkeit. Ich hatte die ganze reiche Erde dicht vor mir und schaute doch nur auf das Kleinste und Bescheidenste. Mit Liebesgebärden hob sich und senkte sich der Himmel. Ich war ein Inneres geworden und spazierte wie in einem Innern; alles Äußere wurde zum Traum, das bisher Verstandene zum Unverständlichen. An der Oberfläche herab stürzte ich in die fabelhafte Tiefe, die ich im Augenblick als das Gute erkannte. Was wir verstehen und lieben, das versteht und liebt auch uns. Ich war nicht mehr ich selber, war ein anderer und doch gerade darum erst recht wieder ich selbst. Im süßen Liebeslichte erkannte ich oder glaubte ich erkennen zu sollen, daß vielleicht der innerliche Mensch der einzige sei, der wahrhaft existiert. Der Gedanke griff mich an: »Wo wollten wir armen Menschen sein, wenn es keine treue Erde gäbe? Was hätten wir noch, wenn wir dieses Schöne und Gute nicht hätten? Wo sollte ich sein, wenn ich nicht hier sein dürfte? Hier habe ich alles, und anderswo hätte ich nichts.«

Was ich sah, war ebenso klein und arm wie groß und bedeutend, ebenso bescheiden wie reizend, ebenso nah wie gut und ebenso lieblich wie warm. An zwei Häusern, die wie lebendige, gemütliche Nachbarsgestalten nah beieinander im hellen Sonnenlicht lagen, hatte ich große Freude. Eine Freude kam auf die andere, und in der weichen, zutraulichen Luft schwebte ein Behagen auf und ab und zitterte es wie von verhaltenem Vergnügen. Eines der beiden kleinen, feinen Häuser war das Wirtshaus zum »Bären«; der Bär war im Wirtshausschild trefflich und drollig abgebildet. Kastanienbäume überschatteten das zierliche, gutmütige Haus, das sicher von lieben, netten, freundlichen Leuten bewohnt war; sah doch das Haus nicht wie manche Bauwerke hochmütig, sondern wie die Zutraulichkeit und Treue selber aus. Überall, wohin das Auge blickte, lag dichte, zufriedene Gartenpracht und schwebte grünes, dichtes Gewirr von artigen Blättern. Das zweite Haus oder Häuschen glich in seiner sichtlichen Lieblichkeit und Niedrigkeit einem kindlich schönen Blatt aus einem Bilderbuch, einer süßen Illustration, so reizend und seltsam stellte es sich dar. Die Welt rund um das Häuschen erschien vollkommen gut und schön. Ich verliebte mich in das bildschöne, kleine Hauswesen allsogleich bis über die Ohren und wäre von Herzen gern hineingegangen, um mich einzunisten und einzumieten und für immer im Zauberhäuschen und Kleinod zu wohnen, und mich wohlzufühlen; aber gerade die schönsten Wohnungen sind leider Gottes meistens besetzt, und wer für seinen anspruchsvollen Geschmack eine passende Wohnung sucht, dem geht es schlecht, weil, was leer steht und zu haben ist, oft greulich ist und Grauen erregt. Das schöne Häuschen war sicherlich von einem alleinstehenden Frauchen oder Großmütterchen bewohnt; es duftete danach und schaute so danach aus. Wenn es gestattet ist, zu sagen, so melde ich ferner, daß an der Wand des Häuschens Wandmalereien oder erhabene Fresken strotzten, die himmlisch fein und lustig waren und eine Schweizeralpenlandschaft darstellten, auf der wieder ein Haus und zwar ein Berner-Oberländerhaus stand, nämlich gemalt. Gut war die Malerei an sich wahrhaftig keineswegs. Solches behaupten zu wollen wäre keck. Herrlich kam sie mir aber trotzdem vor. Simpel und einfältig, wie sie war, entzückte sie mich; mich entzückt eigentlich jedes noch so dumme und ungeschickte Stück Malerei, weil jedes Stück Malerei erstens an Emsigkeit und Fleiß und zweitens an Holland erinnert. Ist denn nicht jede Musik, auch die kärglichste, für den schön, der das Wesen und die Existenz der Musik liebt? Ist nicht fast jeder beliebige Mensch, auch der böseste und unangenehmste, für den Freund der Menschen liebenswürdig? Gemalte Landschaft mitten in der wirklichen Landschaft ist kapriziös, pikant. Das wird niemand bestreiten können. Den Tatbestand, daß ein altes Mütterchen in dem Häuschen wohne, nagelte und heftete ich übrigens gewiß nicht fest und vermochte ich durchaus nicht aufzunehmen. Mich nimmt aber nur wunder, warum ich hier Worte wie »Tatbestand« in den Mund zu nehmen wage, wo alles so weich und voll Menschennatur ist oder wenigstens sein soll wie Empfindungen und Ahnungen eines Mutterherzens. Übrigens war das Häuschen graublau angestrichen und hatte hellgolden-grüne Fensterläden, die zu lächeln schienen, und rund herum in einem Zaubergärtchen dufteten die schönsten Blumen. Über ein Lust- und Gartenhäuschen neigte und krümmte sich in entzückender Anmut ein Rosenstrauch und -Busch voll der schönsten Rosen.

Falls ich nicht krank, sondern gesund und munter bin, was ich hoffe und woran ich nicht zweifeln will, kam ich, indem ich behaglich weiterging, vor ein ländliches Friseurgeschäft, mit dessen Inhalt und Inhaber ich mich jedoch, wie mir scheint, nicht Grund habe abzugeben, da ich der Meinung bin, daß es noch nicht dringend nötig ist, mir das Haar schneiden zu lassen, was ja vielleicht ganz hübsch und spaßhaft wäre. Ferner kam ich an einer Schusterwerkstatt vorbei, die mich an den genialen aber unglücklichen Dichter Lenz erinnerte, der während der Zeit seiner Geistes- und Gemütszerrüttung Schuhe machen lernte und machte. Schaute ich nicht auch im Vorbeigehen in ein Schulhaus und in eine freundliche Schulstube hinein, wo gerade die gestrenge Schullehrerin examinierte und kommandierte? Bei dieser Gelegenheit sei darauf hingewiesen, wie sehr der Spaziergänger im Flug und im Nu wünschte, wieder ein Kind und ein unfolgsamer, spitzbübischer Schulknabe sein zu dürfen, wieder zur Schule gehen und eine wohlverdiente Tracht Hiebe zur Strafe für begangene Unartigkeiten und Untaten einernten und in Empfang nehmen zu können. Da wir von Prügel reden, sei gerade noch erwähnt und beigeflochten, wir seien der Meinung, daß ein Landmann ehrlich und tüchtig durchgeprügelt zu werden verdiente, der nicht zaudert, den Schmuck der Landschaft und die Schönheit seines eigenen Heimwesens, nämlich seinen hohen, alten Nußbaum umzuhauen, um schnödes, schlechtes, törichtes Geld damit zu erhandeln. Ich kam nämlich an einem bildhübschen Bauernhaus mit hohem, herrlich-mächtigem Nußbaum vorbei; da stieg mir der Prügel- und Handelsgedanke auf. »Dieser hohe, majestätische Baum«, rief ich hell aus, »der das Haus so wunderbar beschützt und verschönt, es in eine so ernste und fröhliche Heimeligkeit und traute Heimatlichkeit einspinnt, dieser Baum, sage ich, ist eine Gottheit, ein Heiligtum, und tausend Peitschenhiebe dem gefühllosen und ruchlosen Besitzer, der all diesen goldenen, himmlisch grünen Blätterzauber verschwinden zu machen wagen darf, damit er seinen Gelddurst, das Gemeinste und Schnödeste, was es auf Erden gibt, befriedige. Solche Trottel sollte man aus der Gemeinde ausstoßen. Nach Sibirien oder nach Feuerland mit solchen Schändern und Umstürzern des Schönen. Doch es gibt gottlob auch Bauern, die Herz und Sinn für etwas Zartes und Gutes haben.«

Ich bin vielleicht in Bezug auf den Baum, den Geiz, den Bauer, den Transport nach Sibirien und die Prügel, die anscheinend der Bauer verdient, weil er den Baum fällt, etwas zu weit gegangen und muß gestehen, daß ich mich habe hinreißen lassen, zu zürnen. Freunde von schönen Bäumen werden indessen meinen Unmut begreifen und meinem so lebhaft zum Ausdruck gebrachten Bedauern beistimmen. Die tausend Peitschenhiebe nehme ich meinetwegen gerne zurück. Dem Ausdruck »Trottel« versage selbst ich den Beifall. Ich mißbillige das grobe Wort und bitte den Leser deswegen um Entschuldigung. Da ich mich bereits mehrmals entschuldigen mußte, so habe ich im höflichen um Verzeihung Bitten schon eine gewisse Übung erlangt. »Gefühlloser und ruchloser Besitzer« hätte ich ebenfalls nicht nötig gehabt zu sagen. Es sind dies geistige Erhitzungen, die vermieden werden müssen. Das ist klar. Den Schmerz um eines schönen, hohen, alten Baumes Sturz lasse ich stehen und eine böse Miene mache ich hierüber sicher, woran mich niemand verhindern darf. »Aus der Gemeinde ausstoßen« ist unvorsichtig gesprochen, und was die Geldgier betrifft, die ich als gemein bezeichnet habe, so nehme ich an, daß auch ich bereits ein oder das andere mal hindiesbezüglich schwer gefrevelt, gefehlt und gesündigt habe und daß gewisse Elendigkeiten und Gemeinheiten auch mir durchaus nicht fremd und unbekannt geblieben sind. Mit diesen Sätzen mache ich Flaumacherpolitik, wie man sie schöner gar nicht zu sehen bekommen kann; aber ich halte diese Politik für eine Notwendigkeit. Der Anstand gebietet uns, acht zu geben, daß wir mit uns selber ebenso streng verfahren wie mit andern, und daß wir andere ebenso milde und gelinde beurteilen wie uns selber, und letzteres tun wir ja bekanntlich jederzeit unwillkürlich. Ist es nicht geradezu reizend, wie ich hier Fehler sauber korrigiere und Verstöße abglätte? Indem ich Eingeständnisse mache, erweise ich mich als friedfertig, und indem ich Eckiges abrunde und Hartes weich mache, bin ich ein feiner, zarter Abschwächer, zeige ich Sinn für gute Tonart und bin ich diplomatisch. Blamiert habe ich mich immerhin; aber ich hoffe, man anerkenne den guten Willen.

Wenn jetzt jemand noch sagt, daß ich ein rücksichtsloser Mensch, Machtmensch und Machthaber sei, der blind drauflos geht, so behaupte ich, d. h. wage ich zu hoffen, daß ich das Recht habe, zu behaupten, daß sich die Person, die das sagt, bös irrt. So zart und sanft wie ich hat vielleicht noch nie ein Autor beständig an den Leser gedacht.

So, und nun kann ich mit Palais oder Adelspalästen dienstfertig aufwarten und zwar wie folgt: Ich trumpfe förmlich auf; denn mit solch einem halbverfallenen Edelsitz und Patrizierhaus, mit einem altersgrauen, parkumgebenen, stolzen Rittersitz und Herrenhaus wie das ist, das jetzt hier auftaucht, kann man Staat machen, Aufsehen erregen, Neid erwecken, Bewunderung hervorrufen und Ehre einheimsen. Mancher arme aber feine Literat wohnte mit Herzenslust und höchstem Vergnügen in solch einem Schloß oder Burg mit Hof und Einfahrt für hochherrschaftliche, wappengeschmückte Wagen. Mancher arme aber genußfreudige Maler träumt von zeitweiligem Aufenthalt auf köstlichen, altertümlichen Landsitzen. Manches gebildete, aber vielleicht bettelarme Stadtmädchen denkt mit wehmütigem Entzücken und mit idealem Eifer an Teiche, Grotten, hohe Gemächer und Sänften und sich selbst bedient von eilfertigen Dienern und edelmütigen Rittern. Auf dem Herrenhause, das ich da sah, d. h. mehr an als auf ihm, war die Jahreszahl 1709 zu sehen und zu lesen, was mein Interesse natürlich lebhaft erhöhte. Mit einem gewissen Entzücken schaute ich als Natur- und Altertumsforscher in den verträumten, alten, sonderbaren Garten hinein, wo ich in einem Bassin mit reizend plätscherndem Springbrunnen den seltsamsten meterlangen Fisch, nämlich einen einsamen Wels, leicht entdeckte und konstatierte. Ebenso sah und entdeckte ich und stellte ich mit romantischer Wonne fest einen Gartenpavillon im maurischen oder arabischen Stil, schön und reich mit Himmelblau, geheimnisvollem Sternen-Silber, Gold, Braun und edlem, ernstem Schwarz bemalt. Ich vermutete und witterte mit höchst feinem Verständnis sogleich heraus, daß der Pavillon ungefähr im Jahr 1858 entstanden sein und errichtet worden sein dürfte, ein Ermitteln, Erraten und Herausriechen, das mich vielleicht berechtigt, diesbetreffs einmal einen einschlägigen Vortrag oder eine Vorlesung im Rathaussaal vor vielem beifallfreudigem Publikum mit ziemlich stolzem Gesicht und selbstbewußter Miene zuversichtlich abzuhalten. Den Vortrag erwähnte sehr wahrscheinlich dann die Presse, was mir selbstverständlich nur lieb sein könnte; denn sie erwähnt manchmal allerlei mit keinem Sterbenswörtchen. Indem ich den arabischen oder persischen Gartenpavillon studierte, fiel mir ein, zu denken: »Wie schön muß es hier des Nachts sein, wenn alles mit einem beinahe undurchdringlichen Dunkel umflort ist, alles ringsherum still, schwarz und lautlos ist, Tannen aus dem Dunkel leise hervorragen, mitternächtliches Empfinden den einsamen Wanderer festhält, und nun eine Lampe, die süßen, gelben Schein verbreitet, in den Pavillon hineingetragen wird von einer schönen, reizgeschmückten, edlen Frau, die dann, von einem eigentümlichen Geschmack getrieben und von seltsamer Seelenanwandlung bewogen, auf dem Piano, womit in diesem Fall natürlich unser Gartenhaus ausgestattet zu sein hat, Lieder zu spielen beginnt, wozu sie, falls der Traum erlaubt ist, mit entzückend schöner, reiner Stimme singt. Wie würde man da lauschen, wie würde man da träumen, wie würde man über die Nachtmusik glücklich sein.«

Aber es war nicht Mitternacht und weit und breit weder ein ritterliches Mittelalter noch ein Jahr Fünfzehn- oder Siebzehnhundert, sondern heller Tag und Werktag, und ein Trupp Leute nebst einem der unhöflichsten und unritterlichsten, barschesten und impertinentesten Automobile, die mir je begegneten, störten mich an der Fülle meiner gelehrten und romantischen Betrachtungen sehr und warfen mich im Handumdrehen aus aller Schloßpoesie und Vergangenheitsträumerei heraus, derartig, daß ich unwillkürlich ausrief: »Zwar sehr grob ist das, wie man mich hier hindert, die feinsten Studien zu machen und mich in die vornehmsten Vertiefungen zu versenken. Ich könnte entrüstet sein; aber statt dessen will ich lieber sanftmütig sein und manierlich leiden und dulden. Süß ist der Gedanke an das vorübergegangene Schöne und Holde, süß ist das edle blasse Gemälde untergegangener, ertrunkener Schönheit; aber der Mitwelt und den Mitmenschen hat man keinen Grund deswegen den Rücken zu kehren, und man darf nicht glauben, daß man berechtigt sei, Leuten und Einrichtungen zu grollen, weil sie die Stimmung nicht berücksichtigen, die derjenige hat, der sich an Geschichtliches und Gedankliches verliert.«

»Ein Gewittersturm«, dachte ich im Weitergehen, »wäre hier schön. Hoffentlich erlebe ich bei guter Gelegenheit einen solchen.« An einen guten, ehrlichen, kohlrabenschwarzen Hund, der am Weg lag, richtete ich folgende spaßhafte Ansprache: »Kommt dir scheinbar gänzlich unbelehrten und unkultivierten Burschen wirklich nicht im entferntesten in den Sinn, aufzustehen und mich mit deiner pechschwarzen Tatze zu grüßen, wo du mir doch am Schritt und am ganzen übrigen Gehaben ansehen mußt, daß ich ein Mensch bin, der volle sieben gute Jahre lang in der Welt- und Hauptstadt gelebt hat, und der während dieser Zeit aus dem Verkehr und angenehmen Umgang mit ausschließlich gebildeten Menschen fast keine Minute, geschweige denn Stunde oder gar Monat und Woche lang herausgekommen ist? In welche Schule bist du, ruppiger Gesell, denn eigentlich gegangen? Wie? Und nicht einmal eine kleine Antwort gibst du mir? Bleibst ruhig liegen, schaust mich ruhig an, verziehst keine Miene und bleibst unbeweglich wie ein Monument? Schäme dich!«

Tatsächlich jedoch gefiel mir der Hund, der in der treuherzigen Wachsamkeit und in der humorvollen Ruhe und Gelassenheit, die er zur Schau trug, prächtig aussah, ungemein gut, und weil er mich so fröhlich anblinzelte, redete ich mit ihm, und weil er ja doch wohl kein Wort verstand, durfte ich mir herausnehmen, ihn zu schelten, was aber, wie man aus der Possierlichkeit der Redeweise gemerkt haben wird, jedenfalls nicht böse gemeint sein konnte.

Beim Anblick eines höchst soigniert dahertrabenden und wackelig stolzierenden feinen steifen Herrn hatte ich den wehmütigen Gedanken: »Und vernachlässigte kleine arme schlechtgekleidete Kinder? Ist es möglich, daß so ein schöngekleideter, grandios aufgeputzter, glänzend ausstaffierter und austapezierter, ring- und schmuckbehangener, geschniegelter und gewichster Herr keinen Augenblick an arme junge Geschöpfe denkt, die oft genug in Fetzen einhergehen, traurigen Mangel an Pflege und Säuberlichkeit offenbaren und kläglich verwahrlost sind? Geniert sich der Pfau nicht ein bißchen? Fühlt sich der Herr Erwachsene, der so schön einhergeht, beim Anblick der schmutzigen, fleckigen Kleinen ganz und gar nicht betroffen? Mich dünkt, es dürfte kein erwachsener Mensch Lust zeigen, geputzt aufzutreten, solange es immer noch Kinder gibt, denen jeder äußere Schmuck mangelt.«

Aber man könnte mit ebenso viel Recht sagen, daß niemand ins Konzert gehen oder eine Theatervorstellung besuchen oder sonstwelche Lustbarkeit genießen sollte, solange es Gefängnisse und Strafanstalten mit unglücklichen Gefangenen in der Welt gibt. Dies geht selbstverständlich zu weit. Und wenn jemand mit Genießen und mit aller Lebenslust solange warten wollte, bis die Welt endlich keine unglücklichen armen Menschen mehr aufweisen würde, so müßte er bis an das graue unausdenkbare Ende aller Tage und bis ans eisigkalte, öde Ende der Welt warten, und bis dahin dürfte ihm die Lust und das Leben selber gründlich vergangen sein.

Eine zerzauste, zerarbeitete, zermürbte, wankende Arbeiterin, die auffällig müde und geschwächt und doch hastig daherkam, weil sie offenbar rasch noch allerlei zu verrichten hatte, mahnte mich im Augenblick an feingepflegte, verwöhnte Töchterchen oder höhere Töchter, die oft nicht wissen oder · zu wissen scheinen, mit welcher Art zierlicher vornehmer Beschäftigung oder Zerstreuung sie ihren Tag zu verbringen haben, und die vielleicht nie rechtschaffen müde sind, die tagelang, wochenlang darüber nachdenken, was sie tragen könnten, um den Glanz ihres Bildes zu erhöhen, und die lange Betrachtungen darüber anzustellen Zeit in Hülle und Fülle haben, was sie bewerkstelligen sollen, damit mehr und immer mehr übertriebene kränkliche Finessen ihre Person und ihr süßes, zuckerbäckerhaftes Figürchen einhüllen.

Aber ich bin ja meistens selber ein Liebhaber und Verehrer solcher liebenswürdiger, bis ins äußerste gepflegter, mondscheinhaft schöner, zarter Mädchenpflanzen. Ein reizendes Backfischchen könnte mir befehlen, was ihm einfiele, ich würde ihm blindlings gehorchen. O wie ist die Schönheit schön und das Hinreißende hinreißend!

Wieder komme ich auf Architektur und Baukunst zu sprechen, wobei ein Stückchen oder Fleckchen Kunst und Literatur zu berücksichtigen sein wird.

Vorher eine Bemerkung: Alte edle würdige Häuser, historische Stätten und Bauten mit Blümchen-Ornamentik zu beputzen, kündigt denkbar schlechten Geschmack an. Wer das tut oder tun läßt, sündigt gegen den Geist des Würdigen und Schönen und verletzt die schöne Erinnerung an unsere ebenso tapferen wie edlen Vorfahren. Zweitens bekränze und bestecke man nie Brunnen-Architekturen mit Blumen. Blumen sind an sich freilich schön; aber sie sind nicht dazu da, um die edle Strenge und strenge Schönheit von Steinbildern zu verlalifaren und zu verwischen. Überhaupt kann die Vorliebe für Blumen in dumme Blumensucht ausarten. Persönlichkeiten, Magistrate, die dies angeht, mögen sich autoritativen Ortes erkundigen, ob ich recht habe, und sich hernach hübsch danach gütig verhalten.

Um zwei schöne und interessante Gebäulichkeiten zu erwähnen, die mich stark fesselten und meine Aufmerksamkeit in ungewöhnlichem Grad in

Anspruch nahmen, sei gesagt, daß ich nämlich, indem ich so meinen Weg weiter verfolgte, vor eine entzückende seltsame Kapelle kam, die ich sogleich die Brentano-Kapelle nannte, weil ich sah, daß sie aus der phantasieumwobenen, goldumhauchten, halb hellen und halb dunklen Zeit der Romantiker stammte. Der große wilde stürmische dunkle Roman »Godwin« von Brentano fiel mir ein. Hohe schlanke Bogenfenster gaben dem höchst originellen, sonderbaren Gebäude ein zartes, liebliches Ansehen und verliehen ihm den Geist des Zaubervollen, den Zauber der Innigkeit und des gedankenhaften Lebens. Feurige tiefsinnige Landschaftschilderungen von eben erwähntem Dichter kamen mir in Erinnerung, namentlich die Beschreibung deutscher Eichenwälder. Bald darauf stand ich vor der Villa genannt »Terrasse«, die mich an den Maler Karl Stauffer-Bern, der hier zeitweise wohnte und hauste, und gleichzeitig an gewisse sehr vornehme edle Baulichkeiten mahnte, die an der Tiergartenstraße zu Berlin stehen, die um des strengen, hoheitvollen und schlicht-klassischen Stiles willen, den sie zum Ausdruck bringen, sympathisch und sehenswürdig sind. Das Staufferhaus und die Brentano-Kapelle stellten sich mir als Denkmäler zweier streng von einander getrennter Welten dar, die beide auf ihre eigentümliche Art anmutig, unterhaltend und bedeutend sind. Hier die gemessene, kühle Eleganz, dort der übermütige, tiefsinnige Traum, hier etwas Feines und Schönes und dort etwas Feines und Schönes, aber als Wesen und Bildung völlig verschieden, obwohl einander der Zeit nach nah. Es fängt jetzt auf meinem Spaziergang allmählich an zu abenden, und das stille Ende, scheint mir, sei nicht mehr gar so fern.

Einige Alltäglichkeiten und Verkehrserscheinungen sind hier vielleicht ganz am Platz, nämlich etwa der Reihe nach: eine stattliche Klavierfabrik nebst andern Fabriken und Etablissementen, eine Pappelallee dicht neben einem schwärzlichen Fluß, Männer, Frauen, Kinder, elektrische Straßenbahnwagen, ihr Krächzen und der ausschauende verantwortliche Feldherr oder Führer, ein Trupp reizend gescheckter und gefleckter blaßfarbiger Kühe, Bauernfrauen auf Bauernwagen und dazugehöriges Rädergeroll und Peitschenknallen, etliche schwerbepackte, hochaufgetürmte Lastwagen, Bierwagen und Bierfässer, heimkehrende, aus der Fabrik hervorströmende und -brechende Arbeiter, das Überwältigende dieses Massen-Anblicks und -Artikels und seltsame Gedanken hierauf bezüglich; Güterwagen mit Gütern vom Güterbahnhof herfahrend, ein ganzer fahrender und wandernder Zirkus mit Elefanten, Pferden, Hunden, Zebras, Giraffen, in Löwenkäfigen eingesperrten grimmigen Löwen, mit Singalesen, Indianern, Tigern, Affen und einherkriechenden Krokodilen, Seiltänzerinnen und Eisbären und all dem nötigen Reichtum an Gefolge, Dienerschaft, Artistenpack und -Personal, weiter: Jungens mit hölzernen Waffen bewaffnet, die den europäischen Krieg nachahmen, indem sie sämtliche Kriegsfurien entfesseln, ein kleiner Galgenstrick, der das Lied

»Hunderttausend Frösche« singt, worauf er mächtig stolz ist; ferner: Holzer und Waldmenschen mit Karren voll Holz, zwei bis drei Prachtschweine, wobei sich die lebhafte Phantasie des Beschauers die Köstlichkeit und Annehmlichkeit eines herrlich duftenden, fertig zubereiteten Schweinebratens gierig ausmalt, was ja verständlich ist; ein Bauernhaus mit Sinnspruch über der Einfahrt, zwei Böhminnen, Galizierinnen, Slavinnen, Wendinnen oder gar Zigeunerinnen in roten Stiefeln und mit pechschwarzen Augen und dito Haar, bei welchem fremdartigen Anblick man vielleicht an den Gartenlauberoman »Die Zigeunerfürstin« denkt, der zwar in Ungarn spielt, was aber wenig ausmacht, oder an »Preziosa«, die ja zwar spanischen Ursprungs ist, was man aber nicht gar so genau zu nehmen braucht. Ferner an Läden: Papier-, Fleisch-, Uhren-, Schuh-, Hut-, Eisen-, Tuch-, Kolonialwaren-, Spezerei-, Galanterie-, Mercerie-, Bäcker- und Zuckerbäckerläden. Und überall, auf allen diesen Dingen liebe Abendsonne. Ferner viel Lärm und Geräusch, Schulen und Schullehrer, letztere mit Gewicht und Würde im Gesicht, Landschaft und Luft und viele Malerei. Ferner nicht zu übersehen oder zu vergessen: Aufschriften und Ankündigungen wie »Persil« oder »Maggis unübertroffene Suppenrollen« oder »Continental-Gummiabsatz enorm haltbar« oder »Grundstück zu verkaufen« oder »Die beste Milch-Schokolade« oder ich weiß wahrhaftig nicht, was sonst noch alles. Wollte man so aufzählen, bis alles getreulich aufgezählt wäre, so käme man an kein Ende. Einsichtige fühlen und merken das. Ein Plakat oder Tafel fiel mir vorzüglich auf; der Inhalt war folgender: Kostgängerei oder feine Herrenpension empfiehlt feinen oder wenigstens besseren Herren ihre prima Küche, die derartig ist, daß wir mit ruhigem Gewissen sagen können, sie befriedige den verwöhntesten Gaumen und entzücke den lebhaftesten Appetit. Auf allzu hungrige Mägen möchten wir indessen lieber verzichten zu reflektieren. Die Kochkunst, die wir darbieten, entspricht höherer Erziehung, womit wir angedeutet haben möchten, daß es uns lieb sein wird, nur wirklich gebildete Herren an unserer Tafel schmausen zu sehen. Kerlen, die ihren Wochen- und Monatslohn vertrinken und daher nicht prompt zu zahlen imstande sind, wünschen wir nicht im entferntesten zu begegnen; vielmehr halten wir inbezug auf unsere sehr geehrte Kostgängerschaft auf zarten Anstand und gefällige Manieren. Reizende, artige Töchter pflegen bei uns an den köstlich gedeckten, mit Blumen aller Art geschmückten, appetitlichen Tischen zu servieren. Wir sprechen das aus, damit Herren Reflektanten einsehen, wie nötig es ist, sich von dem Augenblick an fein zu benehmen und tatsächlich flott und proper aufzuführen, wo der allfällige Herr Pensionär seinen Fuß in unsere estimable, respektable Pension setzt. Mit Wüstlingen und Raufbolden, mit Prahlhelden und Großtuern wollen wir ganz entschieden nichts zu schaffen haben. Solche, die Anlaß zu haben glauben, sich zu sagen, daß sie zu dieser Sorte gehören, wollen die Güte haben, unserem Institut ersten Ranges fern zu bleiben und uns mit ihrer unangenehmen Gegenwart zu verschonen. Jeder nette, zarte, höfliche, artige, feine, zuvorkommende, freundliche, fröhliche, aber nicht übermäßig freudige und fröhliche, sondern eher leise, vor allen Dingen aber zahlungsfähige, solide, pünktlich zahlende Herr hingegen wird uns in der Tat in jeder Hinsicht willkommen sein, und er soll auf das feinste bedient und auf das allerhöflichste und schönste behandelt sein; das versprechen wir ehrlich und denken es auch allezeit zu halten, daß es eine Lust ist. Ein solcher netter, reizender Herr soll auf unserer Tafel so ausgesuchte Leckerbissen finden, wie er die größte Mühe haben würde, sie andernortes anzutreffen; denn tatsächlich gehen aus unserer exquisiten Küche Meisterwerke der Kochkunst hervor; das wird jeder Gelegenheit haben zu bestätigen, der es mit unserer vornehmen Herrenkostgängerei versuchen will, wozu wir ihn auffordern und jederzeit ermuntern. Das Essen, das wir auf den Tisch setzen, übersteigt sowohl an Güte wie an Menge jeden einigermaßen gesunden Begriff, und keine noch so lebhafte Phantasie und menschliche Einbildungskraft ist fähig, sich die delikaten und mundwässernden Bissen auch nur annähernd vorzustellen, die wir zu verabfolgen und vor die freudig erstaunten Gesichter unserer Herren Eßmannschaften zu stellen gewöhnt sind. Aber es kommen, wie bereits mehrmals betont, nur bessere Herren in Betracht, und man erlaube uns gütig, um Irrtümer zu vermeiden und Zweifel zu beseitigen, unsere diesbezügliche Auffassung kurz kundzutun. In unseren Augen ist nur derjenige ein besserer Herr, der von Feinheit und Bessersein strotzt und der in jeder Beziehung halt einfach viel besser ist als andere schlichte Leute. Leute, die weiter nichts als schlicht sind, passen uns durchaus nicht. Ein besserer Herr ist nach unserer Meinung nur der, der sich ziemlich viel eitles und albernes Zeug einbildet und der sich vor allen Dingen einzubilden vermag, daß seine Nase besser ist als irgend eines beliebigen andern guten und vernünftigen Menschen Nase. Das Betragen eines bessern Herrn spricht diese eigentümliche Voraussetzung deutlich aus, und hierauf verlassen wir uns. Wer nur gut, grad und ehrlich ist und weiter keinen andern bedeutsamen Vorzug aufweist, der bleibe uns bitte fern; denn er scheint uns kein feinerer und besserer Herr zu sein. Für die Auswahl von nur feinsten und gediegensten besseren Herren besitzen wir das feinste Verständnis. Wir merken es sofort am Gang, an der Tonart, an der Art, Unterhaltung zu machen, am Gesicht, an den Bewegungen und namentlich an der Kleidung, am Hut, am Stock, an der Blume im Knopfloch, die entweder existiert oder nicht, ob ein Herr zu den besseren Herren zu zählen sei oder nicht. Der Scharfblick, den wir hierin besitzen, grenzt an Zauberei, und wir wagen zu behaupten, daß wir uns in diesen Stücken eine gewisse Genialität zumuten. So, nun weiß man, mit welcher Art von Leuten wir rechnen, und kommt ein Mensch zu uns, dem wir von weitem ansehen, daß er sich für uns und unsere Pension nicht eignet, so sagen wir ihm: »Wir bedauern sehr, und es tut uns recht leid.«

Zwei bis drei Leser werden vielleicht in die Wahrscheinlichkeit dieses Plakates einige Zweifel setzen, indem sie sich sagen werden, daß man nicht recht daran glauben könne.

Vielleicht sind da oder dort Wiederholungen vorgekommen. Ich möchte aber bekennen, daß ich Natur und Menschenleben als eine ebenso schöne wie reizende Flucht von Wiederholungen anschaue, und ich möchte außerdem bekennen, daß ich eben diese Erscheinung als Schönheit und als Segen betrachte. Es gibt freilich manchenortes durch Überreizung verdorbene, sensationslüsterne Neuigkeitenschnapper und -Lecker, Menschen, die fast jede Minute nach irgend noch niedagewesenen Genüssen lüsten. Für solcherlei Leute dichtet der Dichter keinesfalls, wie der Musiker nicht Musik für sie macht und der Maler nicht für sie malt. Im großen und ganzen dünkt mich das stetige Bedürfnis nach Genuß und Kost von immer wieder gänzlich neuen Dingen ein Zug von Kleinheit, Mangel an innerem Leben, Naturentfremdung und mittelmäßiger oder mangelhafter Auffassungsgabe zu sein. Kleine Kinder sind es, denen man immer irgend etwas Neues und Anderes vorführen muß, damit sie nur nicht unzufrieden sind. Der ernsthafte Schriftsteller fühlt sich nicht berufen, Anhäufungen des Stofflichen zu besorgen, nervöser Gier behender Diener zu sein, und er fürchtet sich folgerichtigerweise nicht vor einigen natürlichen Wiederholungen, obgleich er sich selbstverständlich stets Mühe gibt, zu viele Ähnlichkeiten fleißig zu verhüten.

Es war nun Abend geworden, und da gelangte ich auf einem hübschen, stillen Weg oder Seitenweg, der unter Bäumen hinlief, zum See hinaus, und hier endete der Spaziergang. In einem Erlenwäldchen, am Rand des Wassers, war eine Knaben- und Mädchenschule versammelt, und der Herr Pfarrer oder Lehrer erteilte inmitten der Abendnatur Naturunterricht und Anschauungslehre. Mir fielen, indem ich langsam weiterging, zweierlei Menschengestalten ein. Vielleicht infolge gewisser umfassender Ermüdung dachte ich an ein schönes Mädchen und daran, wie ich so allein in der weiten Welt sei und daß das nicht ganz recht sein könne. Selbstvorwürfe rührten mich von hinten an und traten mir von vorn in den Weg, und ich hatte stark zu kämpfen. Gewisse böse Erinnerungen bemächtigten sich meiner. Selbstanklagen machten mir urplötzlich das Herz schwer. Indessen suchte und sammelte ich in der Umgebung, teils in einem Wäldchen, teils im Felde, Blumen. Sanft und leise fing es an zu regnen, wodurch das zarte Land noch zarter und stiller wurde. Mir war es, als weine es, und während ich Blumen sammelte, horchte ich auf das leise Weinen, das auf die Blätter herabrieselte. Warmer, schwacher Sommerregen, wie bist du süß! »Warum sammle ich hier Blumen«, fragte ich mich und schaute nachdenklich zu Boden, und der zarte Regen vergrößerte meine Nachdenklichkeit, die er bis zur Trauer steigerte. Alte vergangene Verfehlungen fielen mir ein, Treubruch, Haß, Trotz,

Falschheit, Hinterlist, Bosheit und vielerlei heftige, unschöne Auftritte. Ungezügelte Leidenschaft, wilde Wünsche, und wie ich gar manchen Leuten wehgetan hatte, wie ich Unrecht getan hatte. Wie eine Schaubühne voll dramatischer Szenen öffnete sich mir das vorübergegangene Leben, und ich mußte über meine zahlreichen Schwächen, über alle Unfreundlichkeiten und Lieblosigkeiten, die ich hatte fühlen lassen, unwillkürlich staunen. Da trat mir die zweite Gestalt vor die Augen, und ich sah plötzlich den alten, müden, armen, verlassenen Mann wieder, den ich vor einigen Tagen in einem Wald am Boden liegen gesehen hatte, und zwar so erbärmlich, blaß und zum Sterben kläglich, so leidvoll und todesmatt, daß mich der traurige und seelenbeengende Anblick tief erschreckt hatte. Diesen müden Mann schaute ich jetzt im Geiste, und es wurde mir schwach davon. Ich fühlte das Bedürfnis, mich irgendwo hinzulegen, und da gerade ein freundliches, trauliches Uferplätzchen in der Nähe war, so machte ich es mir, gewissermaßen erschöpft wie ich war, auf dem weichen Boden unter dem treuherzigen Geäste eines Baumes bequem. Erde, Luft und Himmel anschauend, kam mich der betrübliche, unweigerliche Gedanke an, daß ich zwischen Himmel und Erde ein armer Gefangener sei, daß alle Menschen auf diese Art und Weise kläglich gefangen seien, daß es für alle nur den einen finsteren Weg gebe, nämlich in das Loch hinab, in die Erde, daß es keinen andern Weg in die andere Welt gebe als den, der durch das Grab geht. »So muß denn alles, alles, dieses ganze reiche Leben, die freundlichen, gedankenvollen Farben, dieses Entzücken, diese Lebensfreude und Lebenslust, alle diese menschlichen Bedeutungen, Familie, Freund und Geliebte, diese helle, zärtliche Luft voll göttlich schöner Bilder, die Vater- und Mutterhäuser und lieben, sanften Straßen eines Tages vergehen und sterben, die hohe Sonne, der Mond, und die Herzen und Augen der Menschen.« Lange dachte ich darüber nach und bat im stillen die Menschen, denen ich vielleicht weh getan haben mochte, um Verzeihung. Lange lag ich in undeutlichen Gedanken da, bis mir wieder das Mädchen einfiel, das so schön und jugendfrisch war, so süße, gute, reine Augen hatte. Ich stellte mir recht lebhaft vor, wie reizend ihr kindlich-hübscher Mund sei, wie hübsch ihre Wangen, und wie ihre körperliche Erscheinung mich mit ihrer melodischen Weichheit bezaubere, wie ich vor einiger Zeit sie etwas fragte, wie sie im Zweifel und Unglauben die schönen Augen niederschlug, und daran, wie sie »nein« sagte, als ich sie fragte, ob sie an meine aufrichtige Liebe, Zuneigung, Hingabe und Zärtlichkeit glaube. Die Umstände hatten ihr befohlen, zu reisen, und sie war fortgegangen. Vielleicht würde ich sie noch rechtzeitig haben überzeugen können, daß ich es gut mit ihr meine, daß ihre liebenswürdige Person mir wichtig und daß es mir aus vielen schönen Gründen daran gelegen sei, sie glücklich zu machen und damit mich selbst; aber ich gab mir weiter keine Mühe mehr, und sie ging fort. Wozu dann die Blumen? »Sammelte ich Blumen, um sie auf mein Unglück zu legen?«, fragte ich mich, und der Strauß fiel mir aus der Hand. Ich hatte mich erhoben, um nach Hause zu gehen; denn es war schon spät, und alles war dunkel.